A Reforma Tributária e a Federação

A Reforma Tributária e a Federação

Fernando Rezende

ISBN — 978-85-225-0762-7
Copyright © 2009 Fernando Rezende

Direitos desta edição reservados à
EDITORA FGV
Rua Jornalista Orlando Dantas, 37
22231-010 — Rio de Janeiro, RJ — Brasil
Tels.: 0800-021-7777 — 21-3799-4427
Fax: 21-3799-4430
E-mail: editora@fgv.br — pedidoseditora@fgv.br
www.fgv.br/editora

Impresso no Brasil/*Printed in Brazil*

Todos os direitos reservados. A reprodução não autorizada desta publicação, no todo ou em parte, constitui violação do copyright (Lei nº 9.610/98).

Os conceitos emitidos neste livro são de inteira responsabilidade do autor.

Este livro foi editado segundo as normas do Acordo Ortográfico da Língua Portuguesa, aprovado pelo Decreto Legislativo nº 54, de 18 de abril de 1995, e promulgado pelo Decreto nº 6.583, de 29 de setembro de 2008.

1ª edição— 2009

Preparação de originais: Mariflor Rocha

Editoração eletrônica: FA Editoração Eletrônica

Revisão: Aleidis de Beltran, Fatima Caroni e Marco Antonio Corrêa

Capa: aspecto:design

Ficha catalográfica elaborada pela
Biblioteca Mario Henrique Simonsen

 Silva, Fernando Antonio Rezende da
  A reforma tributária e a federação / Fernando Rezende. — Rio de Janeiro : Editora FGV, 2009.
  168 p.

  Inclui bibliografia.

  1. Reforma tributária — Brasil. 2. Política tributária — Brasil. 3. Relações fiscais intergovernamentais — Brasil. I. Fundação Getulio Vargas. II. Título.

             CDD — 336.20981

• Sumário •

Prefácio	7
Ary Oswaldo Mattos Filho	
Introdução	11
1 • Desequilíbrios federativos e reforma tributária	**15**
Descentralização fiscal e eficiência do Estado	15
Desequilíbrios fiscais e conflitos federativos	17
Perspectivas de agravamento dos desequilíbrios fiscais	29
Como e em que medida os desequilíbrios apontados criam dificuldades à reforma tributária?	34
2 • Em busca de um novo modelo de federalismo fiscal	**43**
Federalismo e cooperação	46
Experiências internacionais com partilhas e transferências	49
Transferências e cooperação intergovernamental	59
O federalismo fiscal brasileiro: principais problemas	64
O caminho para a reforma	70
3 • Competências e harmonização tributária: a proposta do IVA dual	**71**
Diretrizes e vantagens da adoção de um IVA dual	73

Principais questões relacionadas à adoção de um IVA dual	76
O IVA dual e as finanças municipais	86
Por que um IVA dual	95

4 • Transferências, equalização fiscal e cooperação intergovernamental — 99

Diretrizes de um novo modelo de transferências	99
Os componentes principais de um novo modelo	100
O desenho da transição	110

5 • Estratégias e instrumentos de uma nova política de desenvolvimento regional — 113

Fundamentos de uma nova estratégia regional e limitações à sua adoção	117
Diretrizes e instrumentos de um novo modelo de política regional	124
A gestão dos fundos e a reforma institucional	130
Comentários adicionais	136

6 • Obstáculos e caminhos para a reforma tributária — 139

A plataforma	139
Quais as principais razões da resistência?	143
Como superar as resistências e construir um clima de entendimento propício à reforma?	151

Conclusão	**165**
Referências	**167**

• Prefácio •

Poucos temas despertam mais emoções e paixões básicas aos instintos humanos do que a reforma fiscal ou, em seu âmbito mais restrito, a reforma tributária. A discussão para saber quem paga, quanto paga e para qual ente tributante deve pagar tem o condão de despertar os instintos básicos do patrimonialismo do contribuinte e, de outro lado, os instintos políticos e de estrutura de poder dos entes tributantes. É tal constatação que torna o tema extremamente polêmico. Essa dificuldade não é, e de forma alguma, peculiar aos habitantes deste ou daquele país, mas é comum ao ser humano enquanto espécie.

Por princípio, e em homenagem à racionalidade, as pessoas e os entes tributantes afirmam em uníssono que uma profunda reforma é indispensável para estruturar em bases sólidas o desenvolvimento humano e econômico de uma dada sociedade. Mas basta que o modelo para discussão inicie a apresentação de suas grandes linhas para que aqueles que se sentem prejudicados se rebelem contra a "injustiça" em face deles cometida. Ou seja, no que tange a nós, contribuintes, temos que a melhor reforma é aquela que libera renda para o nosso setor, buscando o ente tributante nos outros estratos sociais a renda faltante. Do lado dos entes tributantes, ocorre raciocínio semelhante, na medida em que as demandas de arrecadação serão quase que infinitas e na proporção inversa da finitude a que se propõem os entes tributados a contribuir para as despesas de interesse comum.

É neste universo prenhe de contradições que Fernando Rezende, mais uma vez, coloca sua enorme capacidade de raciocinar, de sorte a buscar fórmulas que sejam adequadas aos entes tributantes, em suas três esferas de competências, bem como aos contribuintes. Fernando é um dos últimos santos guerreiros que ainda não ensarilharam suas armas, como muitos dos colegas que, batidos pela idade ou pelo desânimo cético, abandonaram o palco. É este guerreiro, militando nessa batalha de décadas, que nos brinda com *A reforma tributária e a federação*.

Aponta a racionalidade da descentralização das responsabilidades públicas, acompanhada da redistribuição dos recursos financeiros fiscais, via mecanismos de transferência automatizados — para retirar a perene suspeita de que o ente arrecadador tende a enganar o beneficiário da transferência —, e apresenta os instrumentos de fiscalização conjunta entre o ente tributante e o beneficiário da transferência, com a possibilidade de modificação da legislação por decisão consensual. Fernando Rezende demonstra, por meio dessas medidas, a viabilidade de vencer o eterno problema do conflito federativo entre as três esferas de poder da federação brasileira. Tal proposta visa, inclusive, facilitar a situação do Brasil, na qual o município, por disposição constitucional, virou ente federado.

A proposta da redistribuição tenta apontar um modelo que tem o objetivo de vencer a enorme dificuldade em que nos metemos com a emenda constitucional que, na segunda metade da década de 1960, alterou profundamente o nosso sistema constitucional tributário, acabando com o imposto de venda e consignações, substituindo-o pelo ICMS. A troca de um imposto cumulativo por outro de valor agregado foi boa, mas a competência adjudicada aos estados foi incubar o ovo da serpente, que até hoje atazana a vida dos entes federados estaduais, gerando a infinda e cruenta guerra fiscal. No final da década de 1980 a situação ficou ainda mais distorcida com a nova Constituição Federal, na medida em que o Congresso Nacional foi incapaz de resistir à pressão do movimento municipalista, patrocinada pelos prefeitos (base de eleição dos deputados federais), propiciando um efetivo aumento da capacidade de tributação dos municípios, em detrimento do governo central. Este, por sua vez, para buscar resgatar sua capacidade arrecadatória, criou as várias contribuições, que vieram a distorcer, ainda mais, o nosso já infeliz sistema tributário, em prejuízo do contribuinte e, como consequência, da capacidade econômica do setor produtivo.

No livro, propõe Fernando Rezende uma racional distribuição de competências entre os três entes tributantes, a qual desmistifica a falácia demagógica que prega "todo poder ao município", baseada na afirmação política de que nada ocorre fora do território municipal. Aponta a importância deste, mas em conjunto com os dois outros entes tributantes.

Com a capacidade de quem já viveu quase todas histórias de tentativas de reformas tributárias ocorridas desde a década de 1960 até hoje, Fernando Rezende nos assinala quais as motivações das principais resistências que a reforma tributária tem enfrentado ao longo dessas décadas. De tais motivações deveriam tomar boa nota os membros do Congresso Nacional, os estados e os municípios. A regra básica é que o assunto só terá sequência se os espíritos estiverem desarmados e se não houver lugar para aqueles que são "garotos espertos", que na calada da noite congressual brasiliense procuram enganar os contribuintes ou os demais entes tributantes. Imprescindível, ainda, que os números que embasam a razão de ser da proposta sejam verazes, e não camuflados ou mentirosos.

Creio que só com um comportamento absolutamente ético e de busca do bem comum é que poderemos vencer a tendência do centralismo federal e encontrar um mecanismo de compartilhamento de receitas confiável para todos. Este livro é importante porque coloca em discussão a questão da autonomia, ou a questão federativa, com a geração de impactos regionais diferenciados, que tendem a gerar dificuldades de crescimento e desenvolvimento. Uma das chaves apontadas será a criação de um imposto de valor agregado dual, de âmbito nacional, com redistribuição automática e direta.

Enfim, este é um livro de referência, que trata da apresentação de uma proposta global de reforma tributária, a qual, pelo seu alcance e profundidade, terá possibilidade de êxito se encampada pelos candidatos às próximas eleições. Os eleitos, a começar pelo futuro presidente, só terão capacidade política de implementá-la se a mudança vier a ocorrer durante o ano de 2011.

Além de importante, o livro serve de estímulo àqueles de nós que desanimamos nesta caminhada que nos perece infinda.

Ary Oswaldo Mattos Filho
Diretor da Escola de Direito de
São Paulo (Direito GV)

• **Introdução** •

A o longo das últimas décadas, o sistema tributário brasileiro acumulou inúmeras distorções que criam sérios embaraços à competitividade da economia nacional. Sob a pressão de demandas por reforma e limitado pelas metas do ajuste fiscal, o governo adotou diversas medidas para atenuar as dificuldades decorrentes da elevada carga tributária e da enorme complexidade das regras vigentes, entre elas a redução da incidência cumulativa das contribuições sociais e a concessão de benefícios tributários a alguns setores.

Tais medidas, no entanto, têm se mostrado insuficientes. Por serem pontuais, têm alcance limitado e terminam criando regimes de exceção que tornam o sistema vigente ainda mais complexo e, muitas vezes, geram resultados contraditórios e conflitantes.

Em grande parte, a complexidade do sistema tributário decorre da multiplicidade de incidências que oneram a produção e a comercialização de bens e serviços e da sobreposição de normas editadas de forma autônoma pelos três entes federados, que acarretam não apenas efeitos econômicos, mas também conflitos de competência que concorrem para a formação de um ambiente hostil à cooperação. De outra parte, a proliferação de regimes especiais e a multiplicidade de benefícios concedidos tornam impossível avaliar com precisão o custo econômico da tributação. A soma das alíquotas nominais raramente coincide com o ônus fiscal efetivo, de modo que medidas destinadas à desoneração das exportações e dos investimentos produzem efeitos que não são claramente percebidos.

Reformas parciais ou ajustes pontuais não são suficientes para lidar com os desafios que a abertura econômica e a globalização dos mercados trazem para a competitividade nacional. O caminho da modernidade tributária requer uma reforma em profundidade em nosso sistema tributário, que tenha como referência a necessidade de harmonizar as normas aplicadas à tributação de mercadorias e serviços em todo o território nacional, de forma a abrir espaço para a gradual redução da carga tributária e a melhoria da qualidade dos impostos exigidos dos contribuintes brasileiros.

A dificuldade que o Brasil tem enfrentado para harmonizar a tributação de mercadorias e serviços na federação tem a ver com a natural resistência dos entes federados em abrir mão das prerrogativas constitucionais para instituir e administrar seu próprio imposto, mas também resulta da ausência de uma perspectiva de mais longo prazo na avaliação das futuras consequências dessa atitude. A preservação de um regime tributário que leva diferentes regiões a reforçar laços econômicos internacionais impede a formação de cadeias produtivas regionais, reforça a fuga de empresas nacionais para o exterior, enfraquece o poder político da nação, abala a união econômica do país, reduz as perspectivas de crescimento econômico e diminui a capacidade de o Estado brasileiro desempenhar a contento as políticas de desenvolvimento que resultam em benefício de todos.

A crença na inviabilidade de uma reforma tributária abrangente, que lide não apenas com a modernização dos tributos, mas também com o equilíbrio da federação, o que contribui para que as vozes dissonantes ganhem uma intensidade muito superior ao devido, também concorre para reforçar as atitudes negativas. É que como ninguém acredita na viabilidade de uma reforma profunda, duas atitudes principais predominam. De um lado, os que se beneficiariam da mudança se omitem do debate e preferem negociar mudanças pontuais para atender a situações de maior emergência. De outro, os que se sentem ameaçados aproveitam o espaço para ampliar a ressonância de suas preocupações.

INTRODUÇÃO

Após quase duas décadas de sucessivos fracassos, a aprovação de um projeto abrangente de reforma tributária depende da abertura imediata de um debate mais amplo sobre os problemas fiscais que afligem a federação brasileira e os caminhos a serem trilhados para resolvê-los. Para tanto, é necessário esmiuçar os problemas, analisar alternativas, explorar vantagens e desvantagens de cada uma delas e identificar quais são os elementos relevantes a serem considerados para avançar na direção necessária. Esse é o objetivo deste livro, que, nos próximos capítulos, aborda essas questões.

• 1 •

Desequilíbrios federativos e reforma tributária

Descentralização fiscal e eficiência do Estado

Embora o foco dos debates recentes sobre a reforma tributária tenha sido a necessidade de serem removidos os entraves tributários à eficiência da produção e à competitividade do setor produtivo privado, importa também dar atenção à eficiência do governo. É claro que as duas coisas não são dissociadas. Não é só a má qualidade dos impostos que afeta a eficiência produtiva das empresas. O tamanho da carga tributária e a qualidade dos serviços públicos também são importantes. A má qualidade do ensino, a deterioração dos serviços de saúde, as deficiências dos serviços urbanos, a insegurança pública e a baixa eficácia das ações voltadas para a preservação ambiental são elementos que também trazem prejuízos significativos para a inserção competitiva do país na economia global.

Na verdade, trata-se de um círculo vicioso que precisa ser interrompido. Desperdícios e ineficiências no atendimento das responsabilidades básicas do Estado aumentam o custo de provisão dos serviços públicos e exigem maiores impostos para o seu financiamento. Na ausência de medidas que tornem o Estado mais eficiente, a redução da carga tributária torna-se impossível. Por seu turno, a sustentação de um nível elevado de carga tributária gera incentivos à evasão e à informalidade, fazendo com que a concentração do ônus tributário sobre um reduzido número de contribuintes comprometa sua capacidade de competir nos mercados doméstico e internacional.

É quase consensual a proposição de que a descentralização das responsabilidades públicas é o caminho mais promissor para aumentar a eficiência do Estado. Se a responsabilidade pela provisão dos serviços de interesse coletivo é atribuída à instância pública mais próxima da população a ser atendida, maior é a possibilidade de controle sobre o poder público, menores são os riscos de falta de foco na aplicação dos gastos e maior é, portanto, a chance de aumentarmos a eficiência e a eficácia da ação estatal.

Para tanto, a descentralização das responsabilidades precisa ser acompanhada da descentralização dos meios necessários para atendê-las, para que o princípio da correspondência fiscal seja observado. Dada a desigualdade na distribuição espacial da renda e da riqueza no país, o equilíbrio entre responsabilidades e recursos na federação requer uma adequada sintonia entre a repartição de competências para tributar e a redistribuição de recursos fiscais promovida via transferências. Para que haja essa sintonia, é necessário que a lógica da arrecadação esteja em linha com a lógica da distribuição. Mais ainda: é necessário que o sistema permita um ajustamento periódico às dinâmicas econômica e demográfica, que determinam as mudanças na distribuição espacial da capacidade de arrecadação e das demandas por serviços prestados pelo Estado.

As mudanças processadas no sistema tributário nas últimas décadas deixaram de lado a importância de assegurar a sintonia anteriormente mencionada. A repartição territorial dos recursos tributários distanciou-se progressivamente da repartição dos fatores que pressionam a demanda por serviços prestados pelo Estado, acarretando desperdícios e ineficiências.

A ausência de sintonia entre recursos e responsabilidades atribuídos aos três entes federados, além de acarretar dificuldades consideráveis à eficiência da gestão e à qualidade das políticas públicas, é fonte permanente de tensões e conflitos que dificultam o entendimento em torno de propostas de reforma tributária. É que qualquer alteração na repartição do poder de tributar e na natureza dos impostos atribuídos à competência de cada ente federado modifica a repartição das receitas e precisa, portanto, ser compensada por alterações concomitantes nas partilhas e transferências de receitas para restaurar o *status quo*.

Obviamente, quando o quadro vigente já apresenta um grau muito elevado de disparidades e de antagonismos, a dificuldade para promover mudanças mais abrangentes nos impostos aumenta de forma significativa, pois não se trata apenas de restaurar um equilíbrio preexistente, mas também de buscar corrigir, ainda que parcialmente, as principais distorções reinantes.

Não por acaso, portanto, todas as tentativas realizadas nos últimos anos de avançar no caminho da modernização tributária esbarraram no conflito federativo e/ou fracassaram, ou tiveram que recuar em seus intentos iniciais. Daí a importância de explorar essa questão em maior profundidade para que seja possível superar a barreira que tem sido imposta a mudanças tributárias que se fazem urgentes para assegurar a sustentação do crescimento econômico no contexto da economia global.

Desequilíbrios fiscais e conflitos federativos

Origem dos desequilíbrios

Os desequilíbrios na repartição de recursos na federação têm raízes profundas, que remontam a distorções que foram se acumulando durante o longo período de transição do regime militar para a democracia e que se agravaram em virtude de decisões adotadas na Constituição de 1988 e desdobramentos posteriores.

Durante a transição para a democracia, as pressões de estados e municípios por recuperação de parte dos recursos que haviam perdido em decorrência da centralização de receitas promovida pelo regime militar resultaram em um processo gradual de aumento da base dos fundos constitucionais (Fundo de Participação dos Estados — FPE — e Fundo de Participação dos Municípios — FPM). Emendas constitucionais promulgadas ainda nos últimos anos do governo militar aumentaram gradativamente as percentagens da receita do imposto sobre produtos industrializados (IPI) e do imposto sobre a renda (IR) transferidas ao FPE e ao FPM, que atingiram 14% e 16%, respectivamente, em 1985.

A Constituição de 1988 acentuou esse processo de descentralização tributária ao promover novo aumento na base desses fundos, que subiram gradualmente nos anos seguintes à entrada em vigor do novo texto constitucional para alcançar um novo patamar: 21,5% para o FPE e 22,5% para o FPM. Com essa medida, os constituintes atendiam à reivindicação dos municípios, em especial dos pequenos, e dos estados menos desenvolvidos, ao passo que os estados mais desenvolvidos e os municípios de maior base econômica ficavam atendidos com a ampliação da base do imposto sobre circulação de mercadorias (ICM) e o aumento da percentagem desse tributo repartido com os governos municipais.

Na contramão das mudanças promovidas pela Constituição, a semiestagnação da economia e a necessidade de financiar os novos direitos sociais ampliados pela mesma Constituição desencadearam, logo em seguida à promulgação do novo texto constitucional, um processo de recuperação da receita federal assentado na expansão das contribuições sociais e acompanhado da reversão dos ganhos inicialmente obtidos pelos governos estaduais. Esse processo adquiriu força e velocidade quando a estabilidade da moeda na segunda fase do Plano Real passou a depender da geração de superávits primários nas contas fiscais, para o que novos e maiores aumentos nas contribuições sociais se fizeram necessários.

Natureza, magnitude e razões dos desequilíbrios

Num contexto de baixo dinamismo econômico, o aprofundamento do ajuste fiscal, promovido mediante o acelerado crescimento de tributos federais não partilhados com estados e municípios, contribuiu para aumentar a parcela captada pela União alterando significativamente a repartição vertical de recursos contemplada na Constituição de 1988, em prejuízo, principalmente, da parcela atribuída aos estados, uma vez que os municípios conseguiram não apenas manter os ganhos iniciais, como também ampliar seu quinhão nos períodos subsequentes. Conforme mostram os números adiante apresentados (figuras 1 e 2), a recuperação da fatia do bolo fiscal retida pela União foi acompanhada do encolhimento da porção retida pela esfera estadual.[1]

Figura 1
Mudanças na repartição do bolo fiscal (médias 1994-98 e 1999-2005)

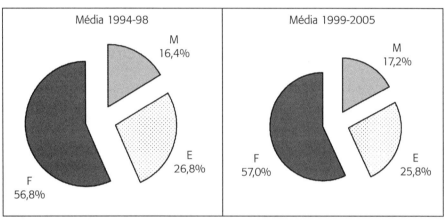

Fonte: Rezende, Oliveira e Araújo (2007).
F = federal; E = estadual e M = municipal.

A contrapartida do encolhimento dos estados é a polarização das relações fiscais federativas, com a ampliação dos poderes da União e o aumento dos recursos administrados pelos municípios, neste último caso tanto em decorrência do aumento de receitas próprias quanto de transferências recebidas do governo federal para fins específicos. Esse fato tem importantes implicações para a capacidade de o poder público intervir no sentido de organizar a ocupação do território, pois a fragmentação das intervenções e a prevalência de normas uniformes editadas no plano nacional para aplicação em todo o país, somadas à perda de capacidade de comando dos estados sobre as políticas exercidas no interior de suas jurisdições, são focos de inúmeras distorções.

A importância da reforma de 1988 para o fortalecimento dos municípios é revelada pelos dados reunidos na figura 2. Ela mostra que ao

---

[1] Para mais detalhes a respeito ver Rezende, Oliveira e Araújo (2007).

longo das duas décadas que se seguiram à promulgação da Constituição, o montante de recursos à disposição do conjunto dos municípios brasileiros cresceu ininterruptamente, tanto em função do aumento na arrecadação dos tributos próprios quanto do crescimento das transferências recebidas. Em decorrência, a participação dos governos locais na repartição do bolo tributário nacional, que era da ordem de 14% nos anos imediatamente posteriores à reforma, subiu para mais de 17% nos anos mais recentes, o que tem levado muitos analistas a arguir que foram os municípios os grandes beneficiários da reforma tributária de 1988.[2]

Figura 2
A importância da reforma de 1988 para os municípios

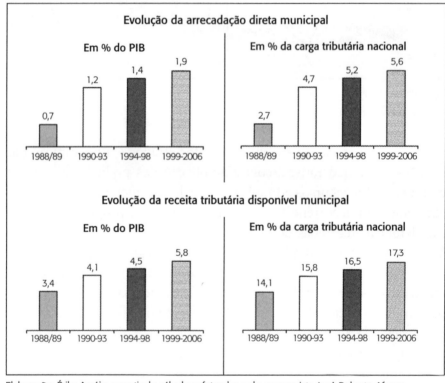

Elaboração: Érika Araújo, a partir de cálculos efetuados pelo economista José Roberto Afonso.

---

[2] Varsano et al. (1998).

Um fato digno de nota, e que contraria a visão estereotipada de que os municípios brasileiros não exploram com a devida intensidade bases tributárias de sua competência, isto é, apresentam um "baixo esforço de arrecadação", é o significativo incremento da receita própria, não apenas nos grandes municípios, mas também naqueles de médio e pequeno portes ao longo da década de 1990, o que possivelmente revela uma reação deles ao menor dinamismo de seus orçamentos, em face da fraca conjuntura econômica nacional desse período. É claro que o grau de exploração das bases tributárias próprias não depende apenas do tamanho, mas também da economia local. Estudo recente (Araújo, 2007) mostra que, em municípios de porte semelhante, a receita própria municipal varia conforme o nível e o dinamismo da renda de suas populações. Esse estudo mostra que os índices de participação dos recursos próprios na receita tributária disponível são maiores em municípios de alta renda de tamanhos equivalentes, especialmente no caso do grupo de municípios de maior porte. É claro que podem ocorrer situações onde o município não tenha interesse em desenvolver seu potencial tributário. Entretanto, há casos onde a arrecadação própria é pequena porque, independentemente do montante de transferências recebido pelo município, a economia local não permite que a receita de impostos seja muito elevada.

Os mesmos fatores que contribuíram para a geração do desequilíbrio vertical provocaram acentuados desequilíbrios na maneira como os recursos fiscais de estados e municípios se repartem entre eles, os chamados desequilíbrios horizontais, que se manifestam por meio de acentuadas diferenças nos orçamentos estaduais e municipais em relação ao tamanho de suas populações, isto é, nas respectivas capacidades de gasto, denunciando o afastamento do federalismo fiscal brasileiro do princípio da correspondência fiscal.

A dimensão dos desequilíbrios horizontais, revelada em estudos anteriores,[3] mostra as notáveis diferenças de capacidades de gasto entre os estados brasileiros, não só no plano nacional, mas também dentro de

---

[3] Ver Prado, Quadros e Cavalcanti (2003) e Rezende e Araújo (2006).

uma mesma região. Conforme revelam esses estudos, o orçamento *per capita* do Maranhão não alcança a metade do de Sergipe; já o do Pará totaliza menos de um terço do orçamento de Roraima. Obviamente tais diferenças não encontram uma explicação.

No que diz respeito aos municípios, a magnitude desses desequilíbrios desafia qualquer tentativa de encontrar uma explicação racional. O perfil da distribuição das receitas tributárias municipais por habitante, retratado na figura 3, segue o formato aproximado da letra U, indicando que os valores se reduzem rapidamente com o aumento da população, atingindo o patamar inferior em municípios de população entre 30 e 50 mil habitantes. Todavia, a recuperação que se observa a partir daí não é suficiente para evitar que os valores encontrados em municípios de grande porte e nas principais metrópoles sejam inferiores aos verificados em municípios escassamente povoados.

Tais disparidades indicam que a repartição territorial dos recursos à disposição dos governos responsáveis pelas jurisdições fiscais de cada ente federado não guarda uma relação clara com a natureza e o tamanho dos problemas que caberiam a eles resolver, conforme recomendaria a observância do princípio da correspondência fiscal. Tal situação não favorece uma mais eficiente aplicação dos recursos públicos, e é mais grave na ausência de mecanismos que forcem ou induzam a cooperação intergovernamental para reduzir ineficiências e desperdícios.

Embora o tamanho da população não seja o único fator a determinar o nível das demandas sobre o poder público, é certo que ele tem um peso importante, principalmente se atentarmos para as novas prioridades que o Estado precisa assumir com respeito a políticas necessárias para dar impulso e sustentação ao desenvolvimento. Se, na segunda metade dos anos 1960 e durante toda a década de 1980, o objetivo era criar as condições necessárias para viabilizar a modernização da infraestrutura necessária ao projeto de industrialização do país — e para isso a centralização tributária era funcional —, há, hoje, um relativo consenso de que as prioridades do Estado devem estar voltadas para aumentar a qualidade dos recursos humanos e prover a indispensável segurança — pessoal, material e institucional, áreas em que, na maior parte dos casos, a ação local tende a ser mais eficiente do que a exercida desde o nível central.

Figura 3
Brasil — receitas municipais *per capita*, distribuição por faixa de tamanho do município em reais

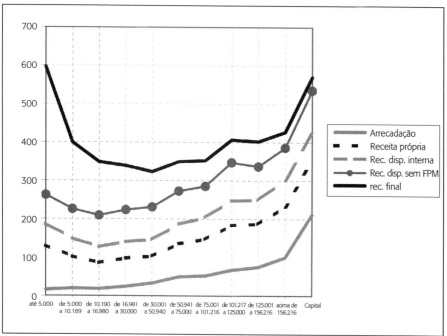

Na multiplicidade de fontes que compõem os orçamentos subnacionais e na sobreposição de distintas lógicas que presidem as transferências intergovernamentais de receitas públicas na federação brasileira residem as explicações principais para os desequilíbrios antes apontados. Dependendo da origem dos recursos, a repartição entre estados e municípios varia em função da população, da renda *per capita*, da base econômica, da localização da rede de prestação de serviços de saúde, da concentração de matrículas no ensino básico, da participação nas exportações nacionais e da dinâmica socioeconômica recente.

Assim, estados em que a renda *per capita* é baixa, como é o caso da grande maioria daqueles que pertencem à região Norte, se beneficiam das transferências do FPE, enquanto as transferências direcionadas para o SUS se concentram nos estados mais ricos e mais populosos. Mais importante ainda é o efeito gerado pela não atualização dos coeficientes individuais de participação no FPE, que permanecem inalterados desde 1989 em face da impossibilidade de ser alcançado um entendimento sobre a revisão da fórmula de rateio como havia sido recomendado pela Constituição. Em virtude disso, os estados que registraram aumento de renda *per capita* nas últimas duas décadas não tiveram suas cotas reduzidas, ampliando as disparidades na repartição dos recursos desse fundo.

O mesmo vale para os municípios, que têm no FPM uma das mais importantes fontes de receita. Com o congelamento dos índices relativos ao conjunto de municípios de cada estado, adotado em 1989, ganham os municípios cujos estados perderam população desde então, em prejuízo daqueles que pertencem a estados que ganharam população. As disparidades entre os municípios sofrem ainda a influência de frequentes alterações promovidas no rateio da cota-parte do imposto sobre circulação de mercadorias e serviços (ICMS) que é regulado por lei estadual.

Na maioria dos municípios de pequeno e médio portes, em que a dependência do FPM e da cota-parte do ICMS é grande, as receitas evoluem em consonância com o ciclo da economia nacional, isto é, perdem dinamismo em momentos de forte desaceleração do crescimento do PIB. Como o ICMS responde mais imediatamente a mudanças no ciclo que a base do FPM (esta responde com alguma defasagem em decorrência do esvaziamento do IPI e do maior peso do IR na sua formação), a inversão do ciclo é sentida com mais intensidade naqueles municípios em que o ICMS for o componente mais importante de seus orçamentos. Nos municípios de maior porte, a influência do comportamento da economia também se expressa por meio do comportamento do ICMS e das receitas tributárias próprias, pois o FPM tem pouca expressão nesse caso.

Além da influência dos fatores mencionados, situações individuais são frequentemente afetadas por alterações nas regras que determinam a entrega de recursos por parte dos governos estadual e federal, trazendo um elemento de instabilidade ao sistema. Os principais fatores a considerar a esse respeito são alterações nos critérios de repasse da cota-parte municipal no ICMS regulada por lei estadual, nas regras aplicadas à transferência de recursos do SUS, na operação do Fundo de Manutenção e Desenvolvimento do Ensino Fundamental (Fundef), nas negociações relativas a repasses de recursos para compensar a não incidência do ICMS nas exportações e em transferências que se processam mediante convênios específicos.

Um bom exemplo da contribuição que a atual configuração das finanças federativas dá para a geração dos desequilíbrios horizontais é fornecido pelo caso dos municípios. Dependendo da origem dos recursos, o tamanho dos orçamentos municipais varia:

- em função direta da importância da base econômica municipal (caso da cota-parte dos municípios no ICMS repartida conforme o valor adicionado, da cota-parte municipal na participação dos respectivos estados no Fundo de Compensação de Produtos Industrializados e na compensação instituída pela Lei Kandir), da participação dos municípios no imposto sobre a propriedade de veículos automotores (IPVA) e no imposto territorial rural (ITR), e do IR na fonte sobre os servidores públicos municipais;
- em razão decrescente ao tamanho da população (o FPM);
- em razão direta à população e inversa à renda *per capita* (FPM capitais);
- em razão direta ao tamanho da população e à concentração da oferta de serviços (SUS);
- em função do número de matrículas no ensino básico (Fundo de Desenvolvimento da Educação Básica — Fundeb);
- em função de critérios vários inseridos em leis estaduais que regulam a entrega aos municípios de um quarto do ICMS que lhes é devido (o que também afeta uma parte da entrega aos municípios dos repasses dos estados à conta de compensação por não incidência do ICMS nas exportações).

É fácil ver que a conjugação de critérios distintos conduz a enormes assimetrias. Com as exceções de praxe, os pequenos municípios se beneficiam do FPM, ao passo que os grandes se apoiam na cota-parte do ICMS e demais transferências que se relacionam à base econômica municipal. Pela importância financeira, os repasses do SUS também têm uma participação expressiva na composição das receitas dos municípios de maior porte.

O caso das capitais merece um comentário à parte. De acordo com os critérios estabelecidos à época de sua criação, o FPM capitais, que corresponde a 10% do total desse fundo, deveria ser repartido em razão direta da população e inversa à renda *per capita* dos municípios, com ambos os fatores tendo um peso igual na determinação do coeficiente de rateio. Distorções inicialmente introduzidas pela utilização da renda *per capita* do estado como variável representativa da renda de sua capital (por inexistência à época de estimativas confiáveis para o PIB municipal) nunca foram devidamente corrigidas, conduzindo a situações em que a capital rica e pouco populosa de um estado pobre tenha uma participação nesse fundo muito maior do que a de uma capital mais pobre e mais habitada de um estado mais rico.

É importante notar que o agravamento das disparidades também se deve à rigidez das regras que definem o montante e o rateio dos recursos transferidos a estados e municípios em contraste com dinâmicas socioeconômicas em constante mutação. A constitucionalização das regras aplicadas à definição do montante de recursos e a critérios de rateio é a principal causa da rigidez. Além disso, o mencionado congelamento dos índices de rateio do FPE e do FPM agravou o efeito dessa rigidez e criou novas fontes de resistência a mudanças. Mesmo no caso em que os critérios de repasse não estão na Constituição, como no caso do financiamento da saúde, a herança do passado também comanda a maior parte dos critérios utilizados na repartição dos recursos entre estados e municípios.

Na verdade, a magnitude dos desequilíbrios horizontais já retratada seria ainda mais contundente caso tivesse sido possível levar em conta outros fatores, além do tamanho da população, que interferem na determinação dos recursos necessários para o atendimento das demandas que se exercem nos limites territoriais de cada jurisdição, como o grau de urbanização, a densidade demográfica, o perfil etário dos habitantes, e a concentração da pobreza. Além disso, o custo da provisão de serviços públicos cresce com a escala da urbanização e a migração da população pobre para as grandes cidades em busca de melhores oportunidades de vida.

Assim, em territórios que abrigam uma mesma população, a necessidade de recursos à disposição do poder público para fazer frente às suas responsabilidades é maior quanto mais elevada for a participação dos habitantes de baixa renda e daqueles que não são considerados economicamente ativos (têm menos de 14 e mais de 65 anos) no total, e quanto mais elevada for a respectiva densidade populacional (relação entre a população residente e o tamanho do território que ela habita). Dada a dinâmica demográfica brasileira que concentra grande parte da população urbana em cidades de porte médio e em regiões metropolitanas, que também congregam uma parcela expressiva da população de baixa renda, a redução dos desequilíbrios horizontais depende da adoção de mudanças que tenham em conta o ajuste dos orçamentos de cada unidade dos entes que compõem a federação a essa realidade.

Aos problemas gerados pelos desequilíbrios verticais e horizontais se soma a grande rigidez com respeito ao uso dos recursos que compõem os orçamentos estaduais e municipais, que se acentuou nos últimos anos pelo efeito da estabilização da moeda e também pelo enfraquecimento do espírito de liberdade na aplicação dos recursos que presidiu a elaboração da Constituição de 1988. Na versão original, o texto constitucional vedava a vinculação de tributos a órgão, fundo ou despesa, exceto os 25% da receita de impostos e transferências destinados à manutenção e desenvolvimento do ensino. No entanto, emendas ao texto constitucional introduziram novas regras que limitaram a liberdade no uso dos recursos estaduais e municipais, como a vinculação dessas receitas para oferecer garantias referentes a dívidas com a União e para financiar as ações de saúde. No caso da educação, a subvinculação de recursos do Fundef ao ensino fundamental também acarretou uma nova ingerência nos orçamentos dos governos subnacionais. Não se trata, aqui, de discutir o mérito dessas vinculações, mas sim de ressaltar o seu efeito sobre a gestão dos recursos públicos.

Além de limitar a possibilidade de ajustamento dos gastos a distintas realidades locais, a regra usualmente adotada, de vincular percentagens uniformes dos orçamentos estaduais e municipais a gastos em educação e saúde, é foco importante de distorções. Como as realidades socioeconômicas e os perfis demográficos são distintos, uma mesma percentagem exigida de todos os estados e de todos os municípios não condiz com a necessidade de ajustar o gasto ao real tamanho das suas necessidades. Excessos ou insuficiências provocam desperdícios e não facilitam a organização dos serviços no território em função da complexidade e da capacidade administrativa, o que é especialmente importante em regiões metropolitanas e outras aglomerações urbanas.

A criação do Fundef (posteriormente transformado em Fundeb para abranger todo o ensino básico) atenuou o problema na área da educação, ao promover uma redistribuição dos recursos em função da localização das matrículas no ensino fundamental, com resultados satisfatórios. Embora represente uma maneira inteligente para contornar a impropriedade já mencionada, a proposta do Fundef é única, no sentido de que só na área da educação existe uma variável que permite promover a redistribuição de recursos com a clareza que a localização de matrículas escolares fornece. O mesmo não existe na saúde, onde a distribuição da rede de prestação de serviços médico-hospitalares, que reflete capacidades distintas para prestar serviços que envolvem um maior nível de complexidade, condiciona a maneira como os recursos são repartidos.

A estabilização monetária agravou a rigidez dos orçamentos. Num contexto de inflação elevada, como o que predominou até meados dos anos 1990, o raio de manobra para a aplicação de recursos era ampliado pela corrosão dos valores referentes a gastos com o funcionalismo e com o custeio da máquina governamental. Com o fim da inflação, qualquer ajuste nos valores relativos a essas despesas passou a depender da existência de espaço para cortes e de decisões politicamente sensíveis.

Os desequilíbrios fiscais refletem a maneira desordenada como as finanças federativas foram sendo tratadas nos últimos anos e as dificuldades que as consequências desse tratamento acarretam para coordenar a atuação do setor público, de forma a evitar sobreposições e desencontros que alimentam conflitos e reduzem a eficiência e a eficácia do governo em áreas que são fundamentais para o processo de desenvolvimento, como a educação, a saúde, a segurança pública, a infraestrutura urbana e o meio ambiente.

Na ausência de mudanças abrangentes, conflitos e desequilíbrios tenderão a se acentuar movidos por dinâmicas fiscais e demográficas que caminham em direções opostas. Assim, mesmo que mudanças pontuais na tributação contribuam para atenuar a cumulatividade dos impostos para atender a demandas imediatas da microeconomia, elas não serão suficientes para permitir que a carga tributária global seja reduzida por meio da economia de gastos propiciada por medidas que concorram para aumentar a eficiência da ação do Estado. A correção dos desequilíbrios apontados requer a implementação de uma reforma que conduza à adoção de um novo modelo de federalismo fiscal.

Perspectivas de agravamento dos desequilíbrios fiscais

Três fatores concorrem para um agravamento das disparidades apontadas na ausência de medidas voltadas para lidar com esse problema: as pressões por competitividade da produção nacional, as mudanças no padrão de ocupação do território e o impacto de novas tecnologias produtivas na tributação.

Pressões por competitividade

Com o avanço da inserção do Brasil na economia global, o tamanho da carga tributária e sua composição passam a ter uma importância decisiva para a preservação da competitividade da produção brasileira no mercado doméstico e para a conquista de novos mercados no exterior. Crescem, portanto, as pressões por reformas que modernizem os impostos, racionalizem os gastos e eliminem qualquer modalidade de tributação que penalize a produção, os investimentos e a exportação.

As principais recomendações nesse sentido demandam a substituição de um variado número de tributos que incidem de forma cumulativa sobre bases estreitas por um tributo de caráter nacional, com regras harmonizadas, partilhado pela União, estados e municípios e incidente de modo amplo sobre o consumo de mercadorias e serviços. Uma base impositiva comum e uma legislação nacional uniforme conduziriam à cooperação intergovernamental no campo da administração tributária, com benefícios não desprezíveis para o contribuinte e para o fisco. Do ponto de vista do contribuinte, a simplificação decorrente da adoção de uma base única para cálculo dos débitos fiscais reduziria o custo das obrigações acessórias e dispensaria a necessidade de recurso a diferentes instâncias para a solução de conflitos de interpretação. Do ponto de vista do fisco, a integração de cadastros e a fiscalização conjunta aumentariam a eficiência do combate à fraude e à sonegação, ao mesmo tempo que permitiriam obter substanciais economias administrativas.

Em contrapartida, a harmonização tributária afeta um dos pilares centrais da autonomia dos entes federados, centrada na repartição do poder para tributar e na autonomia para instituir os respectivos tributos, o que gera fortes resistências. Além disso, para que a harmonização venha a ser implementada, será necessário administrar as perdas e ganhos decorrentes de mudanças na base tributária e da adoção do princípio do destino nas vendas interestaduais, o que é indispensável para a adequada implementação da proposta de um imposto harmonizado sobre o consumo.

Em princípio, a transição de um regime que privilegia a tributação da produção para outro que se concentra na tributação do consumo deveria contribuir para reduzir as disparidades na repartição das receitas tributárias, pois a repartição do consumo é menos concentrada do que a da produção. A realidade brasileira, todavia, difere do esperado em função do complexo regime aplicado à incidência do ICMS nas operações interestaduais, que torna mais difícil aferir o impacto da adoção do princípio do destino sobre as receitas estaduais e, por tabela, via cota-parte dos municípios no imposto estadual, nas receitas municipais, visto que não basta saber se o estado é superavitário ou deficitário na balança interestadual de comércio. É também necessário apreciar se ele ganha ou perde em função das diferenças de alíquotas interestaduais entre estados de distintas regiões.

Se não for possível superar as dificuldades que têm sido enfrentadas para caminhar na direção de um novo regime tributário que avance no sentido da harmonização dos impostos que incidem sobre a produção de mercadorias de serviços em todo o território nacional, as disparidades fiscais tendem a se agravar à medida que mudanças conduzidas de forma independente por ente federado em resposta às pressões econômicas não levarem em conta a necessidade de harmonização. Particularmente relevante a esse respeito é a possibilidade de que a obtenção de um acordo entre os estados para harmonizar as regras aplicadas ao ICMS dependa da criação de mais um regime de compensação para administrar perdas e ganhos daí decorrentes, o que, somado aos demais mecanismos de partilhas e transferências existentes, ampliaria as disparidades atuais e deixaria mais claro ainda a impropriedade de utilizar o velho paradigma regional como referência para orientar mudanças a esse respeito.

Um novo padrão de ocupação do território

Outra consequência importante da abertura econômica e financeira é a configuração de um novo padrão de ocupação econômica do território que também se reflete na repartição das bases tributárias e na natureza e concentração das demandas da sociedade por políticas públicas.

De acordo com os trabalhos que vêm sendo realizados a esse respeito (Campolina, 2005), um traço marcante da dinâmica regional brasileira é a especialização da atividade produtiva em distintas partes do território nacional, o que concorre para um progressivo distanciamento da geografia econômica da geografia política. De um lado, essa especialização determina a forma como as bases tributárias se repartem no território, dada a divisão do poder para tributar. De outro, o acelerado processo de urbanização e de concentração da pobreza em áreas urbanas, impulsionado pela dinâmica demográfica, cria novos desafios para ajustar recursos e demandas nos limites políticos de cada jurisdição, em face dos desequilíbrios decorrentes dos impactos diferenciados desses dois efeitos.

Em linhas gerais, o processo de especialização das atividades produtivas no território nacional, que emerge dos estudos sobre a questão regional brasileira, aponta para o panorama a seguir.

- Concentração das atividades produtivas modernas, no campo da indústria e da prestação de serviços, nas regiões Sul e Sudeste; do agronegócio e da extração mineral terrestre no Centro-Oeste e parte ocidental da região Norte; e de indústrias tradicionais e serviços ligados ao turismo no Nordeste. Importantes exceções a esse padrão são o polo eletrônico de Manaus e a exploração de petróleo no mar territorial no litoral do Rio de Janeiro e do Espírito Santo.

- Grande disparidade na distribuição das atividades mencionadas no interior de cada uma das macrorregiões, com polos produtivos dinâmicos convivendo com extensas áreas que apresentam baixo dinamismo econômico e, até mesmo, estagnação.
- Crescente descolamento da repartição territorial das atividades produtivas dos limites políticos das jurisdições de cada ente federado, tendo em vista o comando que as cidades exercem sobre o processo de ocupação do território.
- Aceleradas transformações na dinâmica demográfica, impulsionadas pelos fatos já mencionados, que acentuam a concentração populacional nas grandes metrópoles e em cidades de porte médio que compõem a rede urbana brasileira, com o consequente esvaziamento do campo e mudanças na natureza e na concentração da pobreza.

A repercussão desses fatos no comportamento da arrecadação tributária estadual já vem acontecendo há algum tempo, embora isso não tenha sido devidamente percebido em face da opção dos estados por concentrar em insumos básicos e alguns setores dominados por algumas grandes empresas o grosso de suas receitas. Conforme dados compilados pela assessoria técnica do Conselho Nacional de Política Fazendária (Confaz), o ICMS recolhido sobre combustíveis, energia elétrica, telecomunicações, veículos, bebidas e fumo alcança, na maioria dos estados, cerca de dois terços da receita total gerada por esse imposto. Com isso, oscilações mais acentuadas no comportamento das receitas estaduais, em função de impactos diferenciados de alterações nos ciclos econômicos decorrentes da mencionada especialização da produção, acabam por passar despercebidas.

Na ausência de uma nova abordagem no tratamento da questão regional brasileira, assentada em uma clara percepção dessa nova realidade, a opção adotada foi a de exacerbar o individualismo, por meio do aumento da temperatura da competição fiscal, também favorecido pela menor dependência da arrecadação de outros setores que não os antes mencionados. No entanto, embora a competição se dê em escala nacional, ela acaba refletindo o padrão regional já apontado. Seu principal resultado é alterar a localização de indústrias modernas no interior da região Sudeste ou de indústrias tradicionais no Nordeste. Já no caso de atividades apoiadas na exploração da base de recursos naturais, o deslocamento interestadual é pouco afetado pelos incentivos, em face de sua própria natureza.

O individualismo mencionado traz duas importantes consequências. De um lado, reforça o padrão de especialização da atividade produtiva e, portanto, das bases tributárias, nas macrorregiões. De outro, contribui para ampliar as diferenças intrarregionais, em função da maior ou menor capacidade de cada estado para aproveitar as oportunidades oferecidas pela natureza da competição fiscal.

Sob outra perspectiva, o efeito da dinâmica regional sobre a demografia concorre para ampliar as divergências entre a concentração territorial das bases de arrecadação e a correspondente concentração das demandas da população por políticas urbanas e sociais que dependem da ação governamental, ampliando o distanciamento do federalismo fiscal brasileiro do princípio da correspondência fiscal.

O impacto de novas tecnologias

Um terceiro fator que concorre para a ampliação das disparidades fiscais na federação brasileira tem a ver com as consequências das mudanças tecnológicas que se processam na economia e nas finanças para a tributação. A esse respeito, cabe destacar que as tradicionais bases tributárias dos estados e municípios brasileiros são particularmente sensíveis ao impacto dessas mudanças.

A produção industrial e os serviços de telecomunicações, que garantem boa parte da receita do ICMS, ganham insuspeita mobilidade com o avanço da tecnologia aplicada a esses segmentos da economia, criando possibilidades para a exportação dessas bases tributárias em face de grandes desvantagens do regime fiscal brasileiro. O mesmo pode ocorrer em escala ainda maior no terreno da prestação de serviços que se relacionam diretamente com o processo de produção e comercialização de um grande espectro de produtos.

A recomendação principal para lidar com esse problema seria substituir a produção pelo consumo como principal base de tributação, mas o avanço do comércio eletrônico também estabelece limites à imposição de regimes autônomos de tributação do consumo por governos subnacionais, ainda que essa autonomia se limite ao estabelecimento de alíquotas. Com regras uniformes, a repartição da receita de um imposto sobre o consumo irá refletir as disparidades de poder aquisitivo na federação, que crescem em função do aumento das desigualdades na repartição da renda pessoal.

Na hipótese de encolhimento das bases tributárias de estados e municípios e consequente aumento dos desequilíbrios verticais e horizontais, cresce o papel das transferências intergovernamentais como instrumento necessário para reduzir os desequilíbrios. No entanto, ao mesmo tempo que as novas tecnologias aumentam a mobilidade das bases tributárias tradicionais, elas aumentam ainda mais as restrições ao uso abusivo da tributação da renda — pessoal e, principalmente, a empresarial — afetando a capacidade de o governo federal sustentar volumes elevados de transferências para compensar um aumento nos desequilíbrios federativos.

Como e em que medida os desequilíbrios apontados criam dificuldades à reforma tributária?

Fragmentação dos interesses

O aumento dos desequilíbrios fiscais e a multiplicidade de fatores que concorrem para a amplitude desse problema e seu agravamento recente acarretam uma grande fragmentação dos interesses envolvidos em qualquer proposta de mudança, tornando extremamente difícil obter um acordo razoável para avançar no rumo da modernização tributária, como tem sido demonstrado ultimamente.

A perda de identidade regional no campo tributário é uma das causas dessa fragmentação. Conforme já mencionado, o impacto de uma reforma do ICMS que inclua a adoção do princípio do destino nas operações interestaduais não gera, automaticamente, como se admitia no passado, ganhos para as regiões menos desenvolvidas (as consumidoras) e perdas para as desenvolvidas (as produtoras). Ganhos e perdas se distribuem em função de outros fatores que não obedecem à tradicional divisão geográfica do país.

Em face das mudanças do novo padrão de ocupação do território nacional, a composição da atividade econômica assume significado maior na análise de como propostas de mudanças afetam os interesses estaduais do que sua posição geográfica. No Nordeste, por exemplo, a economia da Bahia tem mais a ver com a de estados do Sudeste do que com os de sua região. A expansão do agronegócio, no Tocantins, no Maranhão e no Piauí, aproxima os interesses desses estados aos do Centro-Oeste, ao passo que os interesses da Zona Franca de Manaus têm mais a ver com São Paulo do que com o resto da Amazônia. O Espírito Santo é um caso à parte, no Sudeste, por ter apoiado sua economia no aproveitamento de suas vantagens portuárias.

O impacto das mudanças na economia sobre o posicionamento dos estados em matéria de reforma tributária se manifesta de forma clara quando analisamos qual seria o resultado de um "descongelamento" dos coeficientes de rateio do FPE. Passados quase 20 anos desde que essa medida foi tomada, é razoável esperar que sua revisão devesse acarretar grandes mudanças. Mas talvez ninguém tenha tido até agora clareza quanto ao fato revelado em simulações feitas pelo Fórum Fiscal dos Estados Brasileiros (FFEB),[4] que mostra que o retorno à fórmula de cálculo que vigia até 1988 beneficiaria particularmente os estados mais ricos, embora o sentimento a respeito explique o silêncio em torno desse assunto. Essas simulações mostram que os principais beneficiários de um retorno à fórmula anterior a 1988 seriam os estados mais desenvolvidos do Sul-Sudeste, especialmente São Paulo, Rio de Janeiro

---

[4] Transferências intergovernamentais na federação brasileira: avaliação e alternativas de reforma. *Cadernos FFEB*, Brasília, v. 2, n. 6, 2007.

e Minas Gerais. No Norte apenas Roraima e no Nordeste apenas Ceará ganhariam com a mudança. No total apenas 10 estados ganhariam e oito entre eles teriam ganhos expressivos. Neste último grupo apenas o Ceará não estaria nas regiões mais desenvolvidas.

Na ausência de um critério transparente para apreciar o impacto de mudanças no regime fiscal brasileiro sobre o conjunto dos estados, cada caso merece uma atenção específica e, portanto, só é possível obter algum entendimento postergando a implementação de medidas mais polêmicas, como a transição do ICMS para o destino e a concessão de crédito integral e instantâneo para os bens de capital, além da introdução de garantias de compensação (mesmo assim sem a segurança de que o prazo inicialmente negociado para vigência das questões mencionadas não venha a ser posteriormente modificado).

No caso dos municípios, embora o universo seja incomparavelmente maior, os interesses estão mais bem demarcados, pois o que os divide do ponto de vista dos interesses fiscais é o tamanho de suas populações, não havendo uma influência significativa da dimensão regional.

O tamanho da base econômica divide os municípios em dois grupos. O primeiro reúne municípios com uma economia mais diversificada, com uma crescente importância das atividades relacionadas à prestação de serviços, e aqueles que concentram uma importante parcela da indústria manufatureira. Os primeiros se beneficiam da cobrança do imposto sobre serviços (ISS) e os segundos da participação no ICMS. Algumas poucas metrópoles que reúnem as duas coisas têm dupla vantagem. De modo geral, a importância e a diversificação da economia estão relacionadas com o tamanho das respectivas populações, mas há uma importante exceção a essa regra. Essa exceção se refere a municípios onde se localizam importantes plantas industriais (montadoras de veículos, refinarias de petróleo, siderúrgicas etc.), geralmente integrantes de regiões metropolitanas, e que por isso recebem montantes expressivos de recursos por conta da cota-parte do ICMS, embora tenham uma população pouco numerosa.

O outro grupo é o mais numeroso e, embora não seja homogêneo, tem em comum uma predominância do FPM na composição de seus orçamentos. A situação econômica reflete diferenças entre eles, conforme revela um estudo recente de Érika Araújo mencionado anteriormente.[5] Nesse estudo, ela mostra que a participação de receitas próprias na composição de receitas orçamentárias municipais varia em função da realidade de suas economias. Para uma mesma faixa de população essa participação é significativamente menor naqueles de baixa renda *per capita* em comparação com os de alta renda. O mesmo se verifica para municípios em que a economia está estagnada em relação àqueles que apresentam dinamismo econômico. Todavia, não está claro ainda se a percepção dessas diferenças já estaria contribuindo para gerar conflitos de interesses nesse grupo.

Outro fator que estaria criando diferenças no interior desse grupo é o efeito do congelamento do índice atribuído ao conjunto de municípios de cada estado para fins de rateio do FPM. Esse fato deixa de levar em conta as significativas alterações na distribuição da população entre os estados brasileiros decorrentes da dinâmica regional abordada na seção anterior. A análise dos saldos migratórios nos quinquênios 1985-91 e 1991-96 mostra que a região Nordeste toda continuou exportando população para outras regiões, em especial para o Centro-Oeste. Maranhão, Piauí, Alagoas, Bahia e Paraíba destacam-se entre os estados que registram emigração, e Goiás, Distrito Federal e Mato Grosso entre os que receberam esses migrantes. Santa Catarina, São Paulo, Espírito Santo e Roraima também se beneficiaram dos fluxos migratórios. Assim, da mesma forma que o observado para o caso do FPE, uma proposta de retorno ao critério vigente anteriormente a 1988 para o cálculo dos coeficientes de participação dos municípios no FPM porá em campos opostos os municípios dos estados menos desenvolvidos, que seriam prejudicados, e os de estados mais desenvolvidos, que se beneficiariam dessa mudança.

Entretanto, à diferença dos estados, que não encontram espaço para construir uma plataforma comum de mudanças e, portanto, mantêm-se numa postura defensiva, os municípios parecem ter encontrado uma forma de conciliar seus interesses, a qual consiste em defender a preser-

---

[5] Araújo (2007).

vação do imposto sobre serviços (ISS), que atende ao primeiro grupo, e a ampliação da base do FPM, que interessa ao segundo. A primeira manifestação de discórdia entre esses dois grupos ocorreu durante recentes debates a respeito de sugestões de mudança nas regras que determinam a partilha da cota-parte do ICMS devida aos municípios.

A proposta de mudança no rateio da cota-parte dos municípios no ICMS se apoia no argumento de que o critério atual, que reparte 75% do montante devido aos municípios com base no valor adicionado localmente, cria situações de grande abundância de recursos em algumas poucas localidades que abrigam indústrias de grande porte, o que infla os respectivos orçamentos. Para atenuar esse problema, uma das soluções aventadas é incluir a população nos critérios aplicados à repartição desse mesmo montante.

No entanto, estudo recente do Fórum Fiscal dos Estados Brasileiros[6] mostra que, se adotada essa sugestão, os municípios que mais perderiam com essa mudança seriam os de porte médio, que concentram indústrias importantes e que também são prejudicados pelos critérios adotados para o rateio do FPM. O conflito aumentaria se, além disso, sugestões de mudanças nessas regras quiserem ampliar o percentual do ICMS entregue aos municípios que é repartido com base em critérios definidos em lei estadual.

Nesse estudo, que analisa apenas os municípios do estado do Paraná, a regra constitucional seria alterada para atribuir pesos iguais (37,5%) ao valor adicionado e à população na repartição dos 75% do ICMS estadual entregues aos municípios com base na norma constitucional, mantidos inalterados os critérios aplicados à repartição dos 25% que são regulados por lei estadual.

O resultado dessa simulação mostra que os 48 municípios paranaenses contidos na faixa de 20 a 40 mil habitantes ganhariam 9%; e que 22 municípios cuja população está na faixa de 40 a 100 mil habitantes ganhariam 16%. Em contrapartida, 10 municípios que abrigam de 100 a 200 mil habitantes teriam a cota-parte reduzida em 18%, en-

---

[6] A cota-parte municipal do ICMS (ver Transferências intergovernamentais na federação brasileira: avaliação e alternativas de reforma. *Cadernos FFEB*, v. 2, n. 6, 2007).

quanto sete municípios cuja população está entre 100 e 500 mil habitantes perderiam 4%. Tanto no caso dos municípios muito pequenos quanto nos de maior porte, o impacto seria pouco significativo. Para a capital, Curitiba, a situação praticamente não se alteraria.

Como o impacto de alteração nas normas que regem o rateio da cota-parte do ICMS deve ser bastante diferente em cada um dos estados, é fácil ver que essa é uma proposta que encerra um grande potencial de geração de conflitos.

Amplificação dos conflitos

Os conflitos decorrentes da fragmentação dos interesses estaduais e municipais são agravados pela dificuldade em conciliar os interesses dos estados e dos municípios em função da posição especial que os últimos assumem na federação brasileira. Qualquer negociação em torno de uma reforma abrangente da tributação de bens e serviços, que tenha por objetivo harmonizar as regras aplicadas em todo o país, esbarra, de início, na resistência dos municípios em abrir mão da competência constitucional de que desfrutam para tributar a prestação de serviços.

A rigor, a contribuição do ISS para a receita municipal só tem peso expressivo em um número relativamente pequeno dos mais de 5.500 municípios existentes no país, e a dificuldade para emplacar essa mudança não é compatível com tamanha disparidade de interesses a esse respeito. Claro que o impacto na arrecadação não é o único fator que move a reação contra a perda do ISS e sua substituição por um imposto sobre as vendas no varejo. A perda de autonomia (ainda que limitada) tem um caráter simbólico e ajuda a reforçar a posição dos partidários da resistência. Ademais, conforme mencionado, o apoio de pequenos municípios a uma questão que interessa principalmente aos municípios grandes constitui uma forma de negociar o apoio dos últimos a propostas que interessam majoritariamente aos primeiros, como o aumento do FPM.

Na situação vigente, a discussão da reforma tributária, a rigor, ocorre em foros distintos. Um reúne o governo federal e os estados e outro o governo federal e os municípios. Numa atitude que revela a dificuldade para atuar coletivamente, estados e municípios optam por não interferir nos assuntos de uns e de outros. Algumas reuniões conjuntas são eventualmente feitas, mas não parece que elas sirvam ao propósito de buscar uma resposta comum para as dificuldades que têm sido encontradas para promover a reforma necessária.

Como as fronteiras que delimitam o campo de aplicação dos tributos estaduais e municipais estão razoavelmente bem-demarcadas, a sobreposição de incidências se dá nas relações do governo estadual com o federal e deste com os municípios. A participação dos municípios na arrecadação do ICMS é seu único ponto de contato com a tributação estadual. Não por acaso, portanto, este foi, nos recentes debates sobre a reforma tributária, um dos itens que gerou alguma atenção, com representantes de algumas entidades municipais advogando mudanças nas regras constitucionais que regulam o rateio da cota-parte municipal no ICMS.

Numa clara demonstração de que os estados não parecem interessados em participar das discussões que não lhe dizem respeito diretamente, a questão de alteração nas regras de rateio da cota-parte do ICMS provocada por representantes de entidades municipais não mereceu qualquer comentário público de autoridades estaduais envolvidas nas recentes discussões sobre a reforma tributária.

Exacerbação do individualismo

A fragmentação de interesses também fortalece o individualismo que se nutriu da ausência de uma política nacional de desenvolvimento regional. Uma das consequências do individualismo é a ausência de representatividade dos órgãos existentes para negociar coletivamente propostas de mudança que afetam o interesse de seus representados. Isso é mais evidente no caso dos estados, mas também se observa no caso dos municípios.

No tocante aos estados, o esvaziamento da autoridade do Confaz se manifesta na recorrente desobediência dos estados à legislação que regula a concessão de benefícios fiscais por conta do ICMS. O clima de confronto que germinou ao longo dos últimos anos em torno da competição por atração de investimentos azedou o relacionamento entre os estados e inviabilizou sua capacidade de construir uma visão comum dos interesses coletivos dos estados em matéria de reforma do sistema tributário. Nesse contexto, o único ponto em torno do qual o Confaz busca apoiar-se para construir uma posição comum é a defesa do princípio da autonomia federativa que se expressa na posição assumida de não abrir mão da competência para instituir e legislar de forma independente a respeito do imposto estadual.

Escaldados por avanços do governo federal sobre bases tributárias que a Constituição de 1988 havia atribuído à competência exclusiva dos estados e por sucessivas quebras de acordos firmados para compensar perdas de receitas decorrentes de mudanças processadas no campo de incidência do ICMS, os estados amplificam os riscos decorrentes de propostas que, em nome da harmonização e da simplificação, venham a reduzir ainda mais a pouca autonomia de que desfrutam no campo do ICMS, mesmo correndo o risco de continuar assistindo ao encolhimento de sua fatia do bolo fiscal brasileiro. Num ambiente de marcados confrontos e antagonismos, a defesa da autonomia serve como escudo para esconder a incapacidade para construir uma visão coletiva dos interesses estaduais.

No caso dos municípios, as três entidades que se destacam no universo das que buscam representar seus interesses refletem as diferenças entre os dois grupos mencionados. A Confederação Nacional de Municípios (CNM) representa, predominantemente, os municípios de pequeno porte, enquanto a Frente Nacional dos Prefeitos (FNP) cuida dos interesses dos municípios médios e grandes. Neste último grupo, a Associação de Secretários de Fazenda das Capitais Estaduais (Abrasf) constitui um fórum específico para a defesa dos interesses das capitais estaduais.

Na prática, nenhuma delas é capaz de defender uma tese que seja unanimemente encampada por seus associados, a não ser quando se trata de reivindicar maiores recursos do governo federal. Divergências no âmbito da Abrasf se tornaram evidentes na reação das capitais mais importantes a um endosso preliminar dos dirigentes dessa associação à proposta de substituir o ISS pelo IVV. De outra parte, a proposta de modificar o critério aplicado ao rateio da cota-parte do ICMS é vista de perspectivas distintas por municípios que participam da FNP e por outro grupo que reúne municípios que concentram uma forte base industrial, autointitulados municípios produtores, que sofreriam pesadas perdas com essa mudança. Por seu turno, qualquer sugestão de revogar a solução encontrada em 1989 de congelar os índices de rateio do FPM atribuído ao conjunto de municípios de cada estado dificilmente encontrará apoio irrestrito dos filiados à CNM, a não ser que seja acompanhada de aumento no montante de recursos.

Formação de um círculo vicioso

O corolário das dificuldades que a amplitude dos desequilíbrios, a fragmentação dos interesses, a amplificação dos conflitos e a exacerbação do individualismo trazem para a realização de uma reforma tributária mais condizente com os enormes desafios que o país tem pela frente é a formação de um círculo vicioso, que se alimenta da ampliação dos desequilíbrios e de antagonismos gerados pela adoção de mudanças pontuais (vide Lei Kandir) que, por seu turno, reforçam o individualismo e aumentam a resistência a mudanças abrangentes.

O rompimento desse círculo requer a montagem de uma engenhosa obra de engenharia fiscal, que seja capaz de equilibrar os distintos interesses envolvidos, encerre uma boa dose de ousadia, e promova uma forte mobilização dos interesses maiores da sociedade brasileira para superar os obstáculos que os conflitos federativos antepõem ao avanço da reforma tributária.

O fracasso das sucessivas tentativas de implementar uma reforma tributária nas duas décadas transcorridas desde a promulgação da Constituição de 1988 deixou claro que o caminho das reformas parciais, que buscam avançar com prudência, está definitivamente esgotado. O país não pode esperar mais para promover a tão desejada reforma tributária. Uma proposta abrangente de reforma que trate não apenas do problema tributário, mas também do federalismo fiscal precisa ser objeto de um amplo debate para que esteja em condições de ser levada adiante nos primeiros meses do novo mandato presidencial. Com esse propósito em mente, o conteúdo dos próximos capítulos reúne elementos para subsidiar o debate e a elaboração dessa proposta.

• 2 •

Em busca de um novo modelo de federalismo fiscal

Uma maneira simplista de abordar o problema da repartição de recursos fiscais em regimes federativos consiste em propor que sejam definidas de antemão quais as atribuições que cada ente federado deve desempenhar para em seguida definir como os recursos devem ser repartidos. Dessa forma, supõe-se, não apenas seriam evitados desperdícios, pois as dotações de recursos seriam ajustadas ao tamanho das respectivas responsabilidades, como também seriam dadas as condições para os cidadãos cobrarem dos responsáveis o correto desempenho de suas atribuições.

Na prática, entretanto, as coisas não são assim tão simples. Grande parte dos serviços que o Estado deve prover requer escala mínima para serem produzidos de forma eficiente, ou padrões uniformes para garantirem equidade no acesso a eles. Isso significa que qualquer proposta de repartir os encargos públicos de maneira que determinados serviços sejam atribuídos à competência exclusiva de um determinado ente da federação não é, ao contrário do que se imagina, uma solução que concorra automaticamente para a eficiência do Estado e nem para o objetivo de promover o bem-estar de seus cidadãos.

Não obstante as restrições apontadas, há várias razões que recomendam a adoção de medidas para conciliar a descentralização política e administrativa com a eficiência e equidade na provisão de serviços públicos. Elas se resumem no chamado princípio da subsidiariedade, pelo qual os encargos deveriam ser preferencialmente atribuídos ao nível de governo que está mais próximo dos cidadãos. Assim, o processo de repartição dos encargos públicos deveria obedecer a uma trajetória ascendente, de tal modo que tudo aquilo que não pudesse ser benfeito pelos governos locais deveria ser deixado sob a responsabilidade dos governos estaduais e, da mesma forma, o que estes não tiverem a capacidade necessária para executar passaria à responsabilidade do governo central.

Uma proposição usual derivada desse princípio recomendaria, por exemplo, que, no caso da educação, o ensino fundamental e o atendimento básico de saúde sejam atribuídos aos governos locais e o ensino superior e os serviços de saúde de maior complexidade fiquem com os governos estaduais, cabendo ao governo federal assumir a responsabilidade por centros de excelência voltados para a pesquisa e o desenvolvimento.

A singeleza dessa proposição contrasta com as enormes disparidades de situações encontradas com respeito a capacidades — técnica, administrativa e financeira — encontradas tanto no âmbito dos governos locais quanto no dos estaduais. Assim, a única maneira de conciliar a descentralização fiscal com os objetivos de eficiência e equidade na provisão de serviços é instituir mecanismos adequados para promover e incentivar a cooperação entre os três níveis de governo.

Mesmo no caso dos serviços urbanos, onde o caráter desses serviços sugere que a responsabilidade nessa área deveria ser exclusiva do governo local, a cooperação é indispensável. Alguns desses serviços — água e esgotos, transporte coletivo, iluminação pública, por exemplo — perdem em eficiência quando operados em escala reduzida. Requerem, ainda, uma perfeita integração entre diferentes etapas do processo produtivo (captação, adução e distribuição, caso da água; e geração, transmissão e distribuição, caso da iluminação pública), soluções técnicas mais sofisticadas e crescentes recursos financeiros, à medida que aumenta a escala da urbanização.[7]

---

[7] Para mais detalhes a respeito, consultar Rezende (2007) e Boadway e Shah (2007).

O equilíbrio na repartição de encargos e de recursos depende, portanto, de como o poder tributário é repartido entre os entes que compõem uma federação e das regras que governam as partilhas de receita e as transferências de recursos entre eles. As partilhas de receita surgem da necessidade de preencher a brecha vertical. Essa brecha decorre do fato de que os governos nacionais, em geral, arrecadam mais recursos do que gastam diretamente, enquanto o oposto se verifica no caso de governos subnacionais. Assim, todas as federações, sem exceção, fazem uso de transferências verticais como um componente essencial de seus sistemas fiscais.

Há diversos fatores que explicam a concentração da receita fiscal nos governos nacionais. Primeiro, os requisitos de harmonização e de eficiência dos tributos colidem com a tendência mundial para ampliar a descentralização do gasto público. Segundo, as disparidades na repartição territorial das bases tributárias locais demandam correção para reduzir ou eliminar diferenças de capacidade de gasto entre os entes federados. Terceiro, políticas nacionais implementadas de modo descentralizado dependem de recursos do governo central para garantir um mesmo padrão de atendimento de necessidades sociais básicas.

Essas três causas básicas — eficiência tributária, redução das disparidades com respeito a capacidades de financiamento e preferência por descentralizar a implementação de programas nacionais de prestação de serviços sociais — é que determinam a existência de várias formas de transferências nas federações modernas. A brecha vertical existe em parte porque é mais eficiente que o governo federal arrecade impostos de base ampla. Mas a brecha vertical existe, também, porque o governo federal precisa controlar recursos para cumprir essas duas funções básicas em uma federação: reduzir disparidades horizontais e garantir que o setor público ofereça determinados serviços de maneira uniforme.

Não há uma fórmula simples para aferir a dimensão da brecha fiscal e, em decorrência, o volume necessário de transferências. À primeira vista, o montante a ser transferido deveria resultar de uma comparação do custo dos encargos atribuídos a cada nível de governo com as respectivas capacidades de financiá-los com recursos tributários próprios. Mas isso não é trivial. A avaliação de custos é viável apenas nos casos em que os países adotem parâmetros ou padrões rigorosos de uniformidade nos serviços. Se eles não existirem, não há base objetiva para definição da brecha vertical. Ademais, mesmo quando há padrões uniformes, deve haver diferenças regionais de custo que dificultam essa tarefa.

No mundo real das federações, a dimensão das transferências verticais tem sido definida na maior parte dos casos por processos interativos de ajustamento, que precisam ser periodicamente revistos em face da tendência a uma crescente descentralização de encargos. Tais revisões costumam suceder crises periódicas nas relações fiscais intergovernamentais, e são, muitas vezes, precedidas de fortes desequilíbrios orçamentários em algum nível de governo que demandam correção.

Quando existem elevadas disparidades entre jurisdições, não só no que se refere ao nível de desenvolvimento econômico (e, portanto, de capacidade fiscal), como também nos padrões de qualidade e acessibilidade dos serviços básicos prestados e respectivos custos de prestação desses serviços (como ocorre no Brasil), a dificuldade para tratar de forma adequada o problema do ajuste vertical aumenta e, dependendo das condições políticas vigentes, geram ciclos alternados de centralização e descentralização fiscal como os que têm sido registrados na história brasileira.

Federalismo e cooperação[8]

A literatura sobre federalismo classifica os diferentes regimes existentes em três grupos, segundo a característica dominante; federalismo competitivo, federalismo cooperativo e federalismo executivo. O caso clássico da primeira espécie são os Estados Unidos. A Alemanha representa o caso oposto do federalismo cooperativo e o Canadá é o modelo do federalismo executivo. A rigor, não são modelos excludentes. Na prática, traços particulares de cada uma dessas características são encontrados em praticamente todas as federações.

---

[8] Esta e a próxima seção se baseiam em um importante estudo comparativo de experiências internacionais no campo do federalismo fiscal de autoria de Sérgio Prado (2006), a quem credito todo o mérito das referências a como distintas federações lidam com o problema da cooperação e aplicam regimes de equalização fiscal.

O federalismo executivo canadense caracteriza-se por buscar a cooperação por meio de processos decisórios informais, conduzidos de maneira pouco transparente pelas lideranças do governo federal e dos governantes das províncias. Neste caso, não há instituições encarregadas dessa tarefa, a exemplo de conselhos, comitês ou qualquer outro tipo de organismo formalmente constituído. Funciona com maior eficácia em regimes parlamentaristas de herança britânica, em que decisões do gabinete são mais facilmente ratificadas pelo Parlamento de onde ele se origina. Informalidade e falta de transparência são os aspectos negativos desse modelo.

Esses são exatamente os aspectos que o federalismo cooperativo busca evitar. A institucionalização e formalização dos processos decisórios que caracterizam esse modelo se refletem tanto no nível macroeconômico, que trata do equilíbrio fiscal, quanto em setores específicos da atuação governamental.

No modelo alemão do federalismo cooperativo, o Bundesrat, modalidade única e peculiar de Câmara Alta, onde os membros não são eleitos e sim indicados pelos governos dos estados, exerce um papel fundamental a respeito. Por seu intermédio, os estados alemães podem exercer uma considerável influência sobre decisões que afetem o funcionamento da federação, visto que ele interfere em cerca de 60% de toda a legislação federal alemã, ou seja, toda legislação que de alguma forma afete os interesses dos estados. Traços do federalismo executivo canadense podem ser encontrados no modelo alemão, pois as decisões do Bundesrat são precedidas de reuniões técnicas em cujas recomendações os membros dessa instituição se apoiam para tomar suas decisões.

A diferença fundamental entre os dois casos está na natureza e no grau de autonomia. No Canadá, as províncias dispõem não apenas de competências executivas e tributárias próprias, mas também de uma forte dose de autonomia legislativa. Já na Alemanha, a autonomia legislativa não existe, mas os estados têm poder para interferir em legislações que afetem seus interesses, embora esse poder seja coletivo, isto é, ele é exercido conjuntamente pelos estados perante o governo federal. O modelo alemão busca compensar a falta de autonomia legislativa com a concessão de autonomia executiva e ampla cooperação horizontal institucionalizada em organismos e comitês.

No Brasil, os estados, e também os municípios, dispõem de autonomia para legislar sobre matérias compreendidas nos campos das respectivas competências constitucionais. Na prática, entretanto, como a Constituição brasileira estabelece competências concorrentes para a maioria dos serviços públicos e reserva para a União o poder de estabelecer normas gerais a respeito, o exercício da competência legislativa residual no campo das políticas públicas tem sido objeto de forte restrição em função das exigências do ajuste fiscal macroeconômico e da amplitude das normas editadas pelo governo federal.

Por seu turno, os conflitos e antagonismos que se acumularam nos últimos anos nas relações do governo federal com os estados, e também entre eles, juntamente com a assunção dos municípios à condição de ente autônomo da federação, tornam mais difícil a implementação de mecanismos efetivos de cooperação. Quando existente, a cooperação decorre de arranjos específicos construídos com o propósito de articular as ações federais estaduais e municipais de modo a reduzir sobreposições e desperdícios. Os principais exemplos são fornecidos pelos modelos aplicados às políticas de saúde e de educação. Nesses setores, a constituição de conselhos tripartites com representantes do governo federal, estadual e municipal com a finalidade de organizar a prestação dos serviços apresenta características similares àquelas encontradas no modelo do federalismo executivo, embora o papel dominante do governo federal seja um traço distintivo.

Uma forte concentração de decisões no plano federal, acompanhada da descentralização da gestão das políticas sociais para a esfera estadual e municipal também não facilita o exercício da cooperação. Com o avanço da municipalização, a coordenação das ações nessas áreas ganha maior complexidade, em virtude da impossibilidade de os estados organizarem a prestação dos serviços no território abrangido por suas jurisdições e do crescente relacionamento direto do governo federal com os municípios.

Além disso, a descentralização da gestão não foi acompanhada de maior liberdade para estados e municípios decidirem sobre a aplicação dos recursos que financiam essas políticas. Uma crescente ingerência do governo federal no uso dos recursos transferidos a esses governos, e destinados aos setores mencionados, limita a aderência das decisões locais a diferenças no padrão e nas preferências das respectivas comunidades, com o que diminui uma das vantagens da descentralização.

A inexistência de instâncias políticas voltadas para a promoção da cooperação intergovernamental é uma das deficiências básicas da federação brasileira. A rigor, caberia ao Senado Federal o papel de representar os interesses da federação junto ao governo federal, mas a descaracterização do papel do Senado promovida na reforma constitucional de 1988 e a já mencionada particularidade da posição dos municípios em nosso regime federativo inviabilizaram o exercício desse papel. Assim, quando ocorre, a cooperação se dá de forma tópica, por iniciativa do governo federal e mediante o recurso a instrumentos financeiros específicos, como nos dois casos já mencionados.

O uso de instrumentos financeiros tem um grande potencial para promover ou induzir a cooperação intergovernamental na gestão de políticas sociais, mas sua aplicação no Brasil não tem dado a devida atenção a essa questão. O principal instrumento usualmente acionado para esse fim são as transferências de recursos para financiar políticas de interesse nacional. Em determinadas circunstâncias, especialmente no caso de serviços urbanos, o crédito concedido por instituições financeiras públicas também poderia preencher este papel. No entanto, uma efetiva coordenação de políticas nacionais implementadas de forma descentralizada depende essencialmente do desenho e do funcionamento de um moderno sistema de transferências. Uma breve olhada nas mais importantes experiências internacionais a esse respeito, baseada no estudo de Sérgio Prado citado, ajuda a orientar o debate sobre o que deve ser considerado em uma reforma que vise modernizar o regime vigente.

Experiências internacionais com partilhas e transferências

Embora os modelos adotados em cada federação reflitam condições específicas que condicionaram a moldagem dos respectivos regimes de partilha de receitas tributárias, a síntese de algumas características relevantes de quatro grandes federações de distintos continentes — Austrália, Canadá, Alemanha e Índia — ajuda a refletir sobre os caminhos que podem ser perseguidos em uma reforma do modelo brasileiro.

Natureza das regras e definição dos recursos

Na Austrália, a arrecadação do IVA federal adotado na reforma realizada em fins do século passado constitui a base do regime de transferências. A legislação e a administração desse imposto são federais, o que dá um caráter centralizador ao regime australiano, mas o produto de sua arrecadação é totalmente repassado aos estados, que contam, portanto, com uma fonte garantida de transferências.

Uma reforma promovida em 2000 também ampliou a garantia dos estados indianos com respeito ao volume de transferências oriundas do governo federal, os quais passaram a contar com um volume de recursos definido com base em um percentual de toda a arrecadação de impostos federais. Esse percentual, que é da ordem de 30%, é fixado em planos quinquenais por uma Comissão de Finanças composta de especialistas em matéria fiscal. Isso dá grande flexibilidade ao modelo indiano, visto que permite ajustes periódicos nos montantes a serem transferidos, reduzindo o potencial de geração de conflitos e dispensando a necessidade de mudanças constitucionais ou em outros atos legais.

O regime adotado na Alemanha diverge dos anteriores por basear-se no compartilhamento de todos os principais impostos, inclusive os de âmbito local incidentes sobre atividades econômicas. A receita dos dois impostos mais importantes do país, renda e IVA, é compartilhada pelos três níveis de governo. Embora a legislação seja centralizada, a administração é estadual e os estados atuam, por meio de sua representação no Bundesrat, para influenciar nas normas legais e, portanto, no montante a ser partilhado.

O rateio vertical é feito pela definição de percentuais dos impostos atribuídos a cada nível de governo, de modo a propiciar ajustes quando necessário. O rateio do imposto sobre a renda é definido na Constituição, mas no caso do IVA o é por lei ordinária, permitindo que mudanças nas percentagens sustentem o equilíbrio vertical na Alemanha. Como os municípios também participam do compartilhamento de receitas, o caso alemão se destaca pelo fato de que municípios transferem recursos para os estados e o governo federal.

No Canadá, assim como na Austrália, o imposto de renda é controlado pelo governo federal, mas as províncias canadenses participam da arrecadação mediante aplicação de alíquotas próprias. Esse arranjo particular estabelece um mecanismo distinto de compartilhamento do imposto sobre a renda no Canadá que opera por meio da competição por ocupação dessa base tributária. Mediante redução da alíquota federal, o governo canadense cria espaço tributário para a instituição ou aumento das alíquotas provinciais, de forma a reduzir desequilíbrios verticais quando necessário.

Os regimes de equalização

No Canadá, o tratamento das disparidades entre as províncias é objeto de dois regimes independentes e inteiramente financiados com recursos do orçamento federal. O primeiro é o chamado sistema de equalização, que visa trazer províncias com capacidade de gasto abaixo da média nacional para essa média. O segundo é um regime especificamente voltado para as áreas de saúde e educação, que não será abordado aqui.

O objetivo do regime de equalização é fazer com que todas as províncias disponham de um orçamento *per capita* pelo menos igual à média nacional. Para calcular essa média, o modelo canadense se baseia em estimativas de receita potencial para cada imposto. O cálculo da receita potencial de cada imposto é feito mediante o recurso a um sistema tributário representativo, que se baseia nas regras vigentes em cinco províncias, para estimar o tamanho das bases tributárias de cada um dos 30 tributos existentes. A essas bases aplica-se a alíquota média efetiva do país, que resulta da média ponderada das alíquotas praticadas pelos estados. Obtém-se, assim, uma receita potencial média nacional para cada imposto.

A receita potencial média de cada imposto é comparada com a receita efetiva de cada província, de tal forma que em cada uma delas verificam-se situações deficitárias, quando o que é efetivamente arrecadado por um particular imposto está abaixo da média, ou superavitárias no caso contrário. A soma algébrica dessas diferenças define diretamente o montante de recursos que ela deve receber. De forma geral, a lógica do sistema é permitir que cada província possa contar com pelo menos a receita média nacional *per capita*, sem ser forçada, para isso, a aplicar alíquotas muito elevadas sobre bases tributárias em que apresenta notórias deficiências. Para isso, as desvantagens que cada província apresenta, com respeito às bases tributárias de cada imposto, dão direito a transferências das quais abatem-se as vantagens aferidas em impostos nos quais ela é mais favorecida do que a média do país.

O sistema opera, portanto, como uma "conta aberta", já que o montante a ser transferido pelo governo federal decorre das desigualdades inter-regionais. Essa conta é coberta pelo orçamento federal. O sistema é integralmente controlado e aplicado pelo Ministério de Finanças.

Vale a pena ressaltar o fato de que no modelo canadense os fluxos transferidos não são sensíveis às políticas fiscais das províncias individuais, refletindo as diferenças mais permanentes entre as capacidades econômicas dos estados, o que faz dele, de fato, um sistema de equalização estrutural. Se uma província decide tributar fortemente seus cidadãos, acima da média nacional, ou então reduzir suas alíquotas à metade da média nacional, continuará recebendo exatamente o mesmo montante de recursos, a menos que sua política fiscal venha a afetar a dimensão de suas bases tributárias.

Na Alemanha, tal como no Canadá, o critério de equalização é a capacidade de gasto *per capita*. Embora à primeira vista o sistema alemão seja complexo, há um aspecto que torna sua operação mais simples e transparente: ele se apoia integralmente na redistribuição da receita efetiva arrecadada. Não há, em todo o modelo alemão, qualquer estimativa de bases tributárias potenciais. Dessa forma, embora sua implementação envolva três etapas, a metodologia de cálculo é mais simples e não encerra maiores conflitos.

A primeira etapa da equalização consiste na repartição da cota estadual do IVA que é distribuída, em parte (75%), por critério *per capita* e o restante privilegiando os estados mais pobres. Nessa etapa, já se obtém uma redução significativa das desigualdades que resultam das diferenças nas capacidades econômicas regionais e se refletem na repartição de receitas próprias e na participação dos estados no imposto de renda, que obedece ao princípio da derivação.

A segunda etapa envolve o traço exclusivo e peculiar da federação alemã, inexistente em qualquer outra federação ocidental: um procedimento significativo de trocas horizontais pelo qual todos os estados acima da média nacional de receita *per capita* (calculada após a operação anterior) cedem recursos para estados que estejam abaixo da média. As regras supõem que esse procedimento permita levar os estados mais pobres a uma receita equivalente pelo menos a 95% da média nacional.

Dados os resultados obtidos nessa fase, passa-se à terceira, na qual o governo federal utiliza recursos de sua cota no IVA para realizar transferências complementares que buscam trazer a capacidade de gasto de todos os estados para 99,5% da média nacional.

O sistema responde, portanto, ao comportamento efetivo da arrecadação. Se um estado reduz alíquotas, receberá em alguma medida transferências adicionais. Isso só não gera problemas muito grandes porque a legislação tributária é fortemente centralizada. O grande mérito desse sistema é não demandar avaliações complexas de receita potencial ou necessidades fiscais. Ele opera apenas com receita efetiva, em todas as suas etapas. O sistema alemão, tal como o canadense, é operado pelo Ministério de Finanças.

Outro aspecto interessante do modelo alemão é que ele não concentra no governo federal todo o peso da equalização, forçando trocas horizontais. Em contraste com o Canadá, ao fim do processo a receita dos estados ricos é reduzida, devido às trocas horizontais. Da forma que é operado e, particularmente, depois que a unificação ampliou dramaticamente as disparidades inter-regionais, esse sistema pressupõe, como condição de viabilidade, uma forte valorização da equidade no acesso aos serviços, traço típico da federação alemã, mas não é infenso a conflitos e tensões.

Na Austrália, a distribuição dos recursos obedece a critérios de equalização definidos por uma comissão independente, a Grants Commission, que determina a cota de cada província conforme complexos estudos de receita potencial e necessidades fiscais. Um aspecto relevante no sistema australiano é que a equalização fica restrita aos recursos do imposto federal sobre vendas (GST). Nesse caso, portanto, a conta é fechada, não havendo aportes de outros recursos do orçamento federal.

O critério de equidade adotado pela federação australiana, resultado de décadas de desenvolvimento, é o mais complexo de todos os sistemas de equalização existentes. A Grants Commission calcula, para cada província, a receita potencial e as necessidades fiscais específicas, gerando, a partir desses cálculos, um vetor de coeficientes que é aplicado ao montante total de recursos disponíveis. O objetivo é ir além da equalização da capacidade de gasto para garantir a todos os cidadãos um mesmo padrão de oferta de serviços públicos.

Na sua forma atual, a Grants Commission avalia 30 fontes de recursos e 43 rubricas de gasto. No que se refere às receitas, o tratamento se aproxima daquele operado no sistema canadense. A referência básica é obtida mediante a aplicação de alíquotas médias nacionais a uma base representativa dos tributos provinciais. Com isso, obtém-se uma receita padrão que virá a ser considerada na definição dos aportes. À diferença do sistema canadense, o sistema australiano leva também em consideração os recursos que as províncias recebem através de transferências discricionárias condicionadas do governo federal, o que é essencial na Austrália devido ao enorme peso que essas transferências representam: cerca de 50% das transferências totais.

As despesas são analisadas em termos de demanda e de custos. A análise da demanda trata de identificar o comportamento dos fatores que determinam as necessidades de gasto: perfil demográfico, carências de infraestrutura etc. A partir daí, tendo em conta as diferenças de custo de provisão dos serviços e as estimativas de receita padrão, é possível estimar onde os recursos próprios são insuficientes para prover um padrão uniforme de serviços.

Na Índia, a repartição dos recursos é realizada em duas etapas, a primeira envolvendo os orçamentos de gastos correntes e a segunda envolvendo o orçamento de investimento, que fazem parte de planos quinquenais. Essas duas etapas são controladas de forma bastante autônoma por duas "comissões de sábios", respectivamente a Comissão de Finanças e a Comissão do Plano.

Todo o sistema fiscal federativo indiano está assentado sobre uma nebulosa separação dos gastos públicos entre "gastos de desenvolvimento" e gastos correntes, ou, na linguagem fiscal do país, "gastos plano" e "gastos não plano". Na primeira etapa, a Comissão de Finanças define, a cada plano, qual o percentual da receita federal a ser repartido e quais os critérios de distribuição que serão aplicados. A repartição é feita com base em parâmetros macroeconômicos que privilegiam os estados mais pobres, sem levar em conta as receitas próprias. O resultado da soma dessas transferências com as receitas próprias permite avaliar, numa segunda etapa, se existe déficit no orçamento corrente de algum estado, o que gera aportes adicionais do governo federal para cobri-lo (*gap filling*), de forma que ao final dessa etapa os orçamentos correntes dos estados deficitários estejam em equilíbrio. Os estados que apresentarem superávit corrente não recebem nem cedem recursos.

Esse segundo dispositivo (*gap filling*) se assemelha a um sistema de equalização. Ele lembra remotamente o sistema australiano, ao considerar, em última instância, receitas e despesas de cada jurisdição. Observa-se o saldo orçamentário efetivo e define-se a partir daí um dado montante de recursos que o orçamento do governo central terá que aportar para equilibrar os orçamentos. Todavia, o sistema indiano utiliza, tanto do lado da receita quanto da despesa, dados históricos efetivos e realizados, não existindo qualquer mecanismo mais sofisticado de cálculo de receitas e de gastos potenciais ou normativos. Isso revela a grande distância desse sistema para o australiano.

Depois, os estados passam a negociar com a Comissão do Plano os seus planos de investimento. A chamada fórmula Gadgil estabelece os seguintes critérios a serem utilizados para alocar entre os estados os recursos disponíveis para investimento: 60% em bases *per capita*; 10% apenas para estados com renda *per capita* abaixo da média do país; 10% proporcional ao esforço fiscal dos estados; 10% proporcional aos gastos projetados em energia e irrigação por estado; e 10% de forma discricionária pela Comissão do Plano.

Dessa forma, o sistema indiano consegue um resultado curioso: é complicado, com suas diversas etapas subordinadas à separação "plano *versus* não plano", e não tem qualquer critério nítido de equalização. Das três etapas, a primeira e a terceira são compostas de fluxos autônomos que ignoram outras receitas. Em conjunto, essas duas etapas distribuem grande parte dos recursos (aproximadamente 60%) por critério *per capita* que ignora diferenças em desenvolvimento econômico. Somente a segunda etapa, o *gap filling*, tem uma metodologia mais abrangente, mas o faz "zerando" déficits correntes efetivos e, com isso, criando incentivos perversos para a gestão orçamentária dos governos estaduais.

Algumas comparações

No Canadá, o financiamento da equalização vem do orçamento geral do governo federal. O montante extraído do orçamento pelo Equalization Program é resultado dos cálculos, não sendo estabelecido *a priori*. O aspecto importante nesse modelo é que ele adota como critério dominante um dado grau de equalização, obrigando o governo federal a aportar o quanto for necessário para realizar a equalização. Seu único limite, na eventualidade de que a disparidade em capacidade econômica aumente drasticamente, é a dimensão do orçamento federal. Situação oposta se verifica na Austrália, onde apenas a receita do imposto de vendas federal é destinada, integralmente, à equalização.

Na Alemanha, toda a cota estadual do IVA e parte da cota federal fazem parte do sistema de equalização. No modelo alemão, a parte federal é variável pelo mesmo motivo do Canadá, pois também parte de um critério de equalização: trazer todos os estados para, no mínimo, 99,5% da média nacional de capacidade de gasto, de forma que o montante de recursos é variável subordinada. Já na Índia, o grau de equalização das transferências é variável, oscilando em função das decisões da Comissão de Finanças.

Quanto a processos decisórios, Índia e Austrália recorrem a comissões independentes, enquanto no Canadá e na Alemanha os sistemas são controlados pelos ministérios de Finanças. Há três argumentos básicos para a adoção de corpos institucionais como as comissões. O primeiro aponta para o caráter mais "científico" de decisões tomadas por respeitados especialistas. O segundo menciona a intenção de reduzir a influência da política e da burocracia governamental. Por fim, menciona-se a maior flexibilidade de adaptação do sistema que não depende de mudanças na legislação.

Nos dois países que adotam esse modelo, as respectivas comissões têm o dever e a prerrogativa de apresentar recomendações aos governos, que podem, em tese, aceitá-las ou não. Quase sem exceções relevantes elas são aceitas, inclusive porque tais recomendações resultam de laboriosas negociações com as burocracias estaduais.

Existem, no entanto, marcadas diferenças entre os dois países quanto ao papel institucional das comissões. A Índia é um caso claro de maior autonomia das comissões. A Constituição intencionalmente deixou em aberto importantes decisões relativas à partilha vertical de recursos, indicando especificamente a Comissão de Finanças como órgão responsável pela sua definição. Assim, é essa comissão que decide qual a parcela das receitas federais que será compartilhada, que parte dessa parcela será meramente devolvida, que parte será distribuída segundo algum dos diversos critérios redistributivos existentes. Ao evitar a formalização, que usualmente caracteriza esses sistemas (o brasileiro se destaca nesse aspecto), os constituintes indianos de 1950 estavam optando por grande flexibilidade nos mecanismos de partilha, com o que, de certa forma, a partilha vertical acaba se tornando uma extensão do próprio orçamento anual (ou, no caso indiano, mais adequadamente quinquenal). É o único país entre os aqui mencionados em que a distribuição vertical é, no essencial, decidida a cada cinco anos, com ampla possibilidade de revisão ao longo dos planos também.

Na Austrália, por outro lado, o poder da Grants Commission não tem a mesma dimensão e as mesmas bases. O volume de recursos sempre foi predeterminado pelo GC, seja via montantes *ad hoc* até 1998, seja pela receita do imposto de vendas a partir de então. Seu poder vem, basicamente, da enorme complexidade que a metodologia de cálculo acabou assumindo ao longo de meio século de constante aperfeiçoamento e sofisticação. Essa comissão conta com uma equipe de aproximadamente 50 técnicos trabalhando em caráter permanente e recebe amplo suporte dos organismos nacionais de estatística. É nessa sofisticada parafernália de procedimentos estatísticos que reside a "excelência científica" do método.

Nos outros dois países, os dispositivos de equalização são operados integralmente pelos ministérios de Finanças. Isso exige que o grau de formalização seja maior, já que não existe o fator fundamental que permite a autonomia no primeiro modelo, qual seja, a pretensa "excelência científica" das comissões. Há, contudo, diferenças essenciais na metodologia, que repercutem sobre a forma de operação dos sistemas.

No Canadá, como visto, o sistema de equalização é bastante complexo em seus dois componentes. Envolve estimativas tecnicamente sofisticadas como o sistema australiano, ainda que elas fiquem restritas ao lado da receita. Dado o caráter fortemente não centralizado da federação, ocorrem constantes conflitos entre o governo federal e as províncias, a cada cinco anos, quando os procedimentos de cálculo das bases potenciais de arrecadação são revistos.

Em resumo, nunca é demais repetir que as federações têm arranjos fiscais eficientes e equitativos não por serem centralizadas ou descentralizadas, ou por valorizarem ou não a autonomia. A importância dessa análise comparada reside muito mais em identificar alguns problemas centrais que são relevantes em qualquer caso e observar como diferentes países e culturas os resolvem. Os casos analisados anteriormente contêm representantes típicos dos principais "estilos" de coordenação federativa. Mecanismos descentralizados com alta autonomia, como o canadense, parecem ser tão eficientes quanto modelos fortemente centralizados, onde o governo federal tem um papel destacado, como a Austrália. As vantagens e desvantagens de um padrão fortemente cooperativo são observadas no caso alemão. A Índia, finalmente, comparece como uma referência mais próxima do Brasil, tanto pelo nível de desenvolvimento, quanto pela heterogeneidade e pela dimensão territorial. O contraste entre esse caso e as três federações mais avançadas oferece diversas percepções quanto a direções e metas para as quais se deve orientar o processo de reforma do federalismo fiscal brasileiro.

Transferências e cooperação intergovernamental

Modalidades de transferência

A literatura e a prática internacional dividem as transferências em dois grandes grupos com respeito ao uso dos recursos: livres e condicionadas. Ambas apresentam grande variação com respeito à definição de suas bases, espécies conhecidas, critérios de apropriação etc. Quanto às bases, as transferências podem ser definidas *ad hoc* ou serem objeto de um dispositivo legal (constitucional ou não). Nesse caso, podem ser formadas mediante a partilha de receitas ou a constituição de fundos próprios. A repartição entre os beneficiários pode obedecer a uma fórmula específica, que ajusta automaticamente o montante atribuído a cada um, ou seguir um procedimento *ad hoc*. Se a base for predeterminada em lei, pode criar embaraços à sustentação da disciplina fiscal e se não for compromete a eficiência na provisão de serviços por governos subnacionais.

No tocante às transferências condicionadas, as exigências que são usualmente feitas com respeito ao uso de recursos transferidos enfatizam o setor ou a natureza do gasto. Dessa forma, elas interferem no uso, mas não no resultado. Boadway e Shah (2007) classificam essas transferências como orientadas pelos insumos (*input oriented*) em contraposição a outra modalidade que seria orientada por produtos (*output oriented*). Nesta última espécie, as transferências estariam associadas a contratos temporários, com cláusula de resultados, e não a regras permanentes, e seriam revistas sempre que os resultados apresentados pelos beneficiários ficassem aquém dos compromissos mutuamente assumidos.

As transferências condicionadas se diferenciam ainda com respeito ao grau de autonomia na aplicação dos recursos. Num caso, o governo federal decide unilateralmente sobre o montante que irá transferir e os governos receptores que não têm opção quanto ao uso dos recursos, embora possam dispor de alguma liberdade para decidir sobre a distribuição dos recursos no interior dos setores beneficiados (*non-matching grants*). No outro, o governo federal define os setores prioritários para o recebimento de uma contrapartida que fará a recursos próprios aportados pelos governos subnacionais nesses mesmos setores (*matching *grants*). As contrapartidas exigidas podem variar em função da capacidade financeira dos receptores, para evitar iniquidades.

As contrapartidas federais induzem a aplicação de recursos locais em setores considerados prioritários à luz de objetivos nacionais de desenvolvimento, mas dão aos governos receptores poder de decisão sobre os montantes que eles decidem aplicar. Elas podem ser vistas como um subsídio ao custo do serviço público a ser prestado. Assim, se o governo federal estipula, por exemplo, que dará ao governo subnacional um dólar para cada dólar gasto por este com educação, o custo dos serviços de educação, como percebido pelo governo subnacional, é de 50% do custo real. Esse tipo de transferência é extensivamente utilizado para garantir que as externalidades oriundas da provisão desse serviço público sejam inteiramente apropriadas pelo governo provedor.

Se não houver limite, as contrapartidas podem gerar um risco fiscal para o governo federal, pois este não pode prever com exatidão os montantes que deverá despender para acompanhar os gastos locais. Quanto maior for o subsídio implícito no compromisso assumido pelo governo federal de aportar recursos em função do que for aplicado pelos governos locais, maior será o risco de essa opção criar problemas para o equilíbrio fiscal.

A forma de evitar esse risco é estabelecer um aporte máximo de recursos a serem transferidos pelo governo federal para um determinado setor. Isso configura uma limitação adicional à ação local uma vez que governos subnacionais que gostariam de expandir os gastos na referida função além do limite estabelecido não podem fazê-lo.[9]

Em geral, as transferências condicionadas buscam assegurar um padrão uniforme na provisão de serviços públicos essenciais, tendo em vista reduzir ou eliminar as diferenças de oportunidades de ascensão social, para o que é indispensável a cooperação dos governos envolvidos na provisão desses serviços. A qualidade dessa cooperação depende do grau em que essas transferências preenchem os requisitos

---

[9] Pelo menos não com apoio financeiro adicional do governo federal.

de transparência, previsibilidade e autonomia no seu uso. Para que sejam transparentes, é preciso que se conheçam com precisão a origem e os montantes dos recursos recebidos pelas unidades subnacionais, de modo que seus governantes possam ser devidamente responsabilizados perante seus cidadãos (*accountability*).

Aspectos a serem observados no desenho de um modelo de transferências

A previsibilidade quanto ao fluxo de recursos é essencial para uma programação financeira compatível com a eficiência na prestação de serviços públicos pelos governos locais. Já a autonomia depende da qualidade das instituições. Menos autonomia e regras fiscais mais rígidas são mais necessárias em casos em que as instituições são débeis e a capacidade de gestão local é notoriamente deficiente. Quanto maior for a fragilidade das instituições, maior será também a necessidade de adotar modelos que admitam uma periódica revisão das normas para evitar a perpetuação de distorções.

Por outro lado, quanto mais previsíveis forem as regras que regulam o sistema de transferências, maiores serão as dificuldades que ele criará para assegurar o cumprimento do compromisso com a disciplina fiscal em momentos de crise econômica. Regras flexíveis ajudam a macroeconomia fiscal, mas comprometem o espírito da descentralização.

Na ausência de critérios objetivos para definir o volume adequado de transferências, o recomendável seria adotar uma solução que permitisse reajustes frequentes para limitar o excesso, que induz à não utilização do potencial de arrecadação de tributos por parte dos governos subnacionais, ou evitar a insuficiência, que gera incapacidade de provisão dos serviços de forma descentralizada.

No entanto, as incertezas decorrentes de uma revisão frequente geram pressões em sentido oposto, isto é, a introdução de garantias por meio de cláusulas inseridas na Constituição ou em leis específicas. Essas garantias podem tomar a forma de basear as transferências em um percentual da arrecadação de impostos nacionais, ou na fixação de valores mínimos a vigorarem por prazos conhecidos.

Tais opções criam garantias do ponto de vista da repartição vertical dos recursos, mas há um segundo problema ainda mais delicado a resolver: a distribuição do montante atribuído a cada ente subnacional entre eles. Uma opção é adotar uma fórmula de rateio que leve em conta as disparidades encontradas na repartição das bases tributárias próprias e indicadores de demanda pelos serviços prestados. É fácil perceber que as negociações em torno dos componentes dessa fórmula e do peso que cada um deles deve exercer na determinação das cotas individuais encerram uma grande dose de conflito. Fórmulas tecnicamente mais sofisticadas, que buscam ajustar a repartição horizontal de recursos às demandas exercidas sobre cada jurisdição ampliam os conflitos, além de serem mais difíceis de operacionalizar. Fórmulas mais simples limitam a disputa, mas geram significativas distorções.

De outra parte, a dinâmica socioeconômica faz com que qualquer solução adotada em um determinado momento acumule distorções ao longo do tempo, exigindo revisões e reabrindo os conflitos em torno da repartição territorial dos recursos. Na ausência de um novo entendimento, a saída está em estabelecer coeficientes fixos, estabelecidos com base em padrões observados no passado recente, o que, obviamente, agrava as distorções, especialmente quando a solução original já embutia uma dose significativa de ineficiência. Regras simétricas também trazem problemas, pois não viabilizam o ajuste entre a distribuição territorial dos recursos e a correspondente distribuição das demandas sobre o Estado.

A forma adotada para direcionar recursos administrados por governos subnacionais também interfere no resultado. Se esse direcionamento se dá por meio da adoção de *matching grants*, os governos provinciais ou municipais é que decidem sobre o montante a ser aplicado, o qual varia conforme a grandeza do *matching* — quanto maior for a contrapartida nacional maior será o estímulo concedido aos governos subnacionais para aplicar recursos nos setores mencionados. Se, como acima mencionado, a opção for por um *matching grant* do tipo conta fechada (*close-ended*), o incentivo será reduzido. Alternativamente, se a opção for um *non-matching grant*, o recipiente não dispõe de autonomia para decidir sobre o montante aplicado, mas pode, assim como na outra modalidade, dispor de alguma liberdade para decidir sobre como os recursos serão distribuídos no interior dos setores beneficiados.

Convém observar que um mesmo nível agregado de autonomia quanto ao uso dos recursos transferidos traduz-se em graus distintos de autonomia para distintos estados e municípios. Aqueles dotados de maior capacidade econômica podem contornar as limitações impostas ao uso dos recursos transferidos por meio do direcionamento de receitas próprias para outras finalidades. Ademais, se for adotada a opção por *matching grants*, as unidades mais pobres poderão não ter condições de aportar os recursos necessários para receber as contrapartidas, principalmente quando as exigências forem altas e uniformes, suscitando questões relacionadas à falta de equidade da regra adotada.

Tais problemas surgem sempre que regras simétricas forem adotadas em um contexto de acentuadas assimetrias, não apenas financeiras, mas também quanto à qualidade dos recursos humanos ou materiais. Usualmente, tais diferenças são abordadas por meio da atribuição de mandatos diferentes com respeito ao grau em que responsabilidades em alguns setores podem ser assumidas. Exemplos dessa prática são adotados na área da saúde, onde a municipalização dos serviços médicos contempla categorias distintas de municípios. A alguns, os mais capacitados, é concedida a gestão plena dos serviços e outros são tutelados pelos governos estaduais.

Ademais, se as regras aplicadas a um determinado regime de transferências que se propõe a estabelecer a cooperação financeira na provisão de serviços essenciais buscam direcionar os recursos públicos para um determinado setor sem estabelecer condições quanto à obtenção de resultados (as transferências são orientadas para ampliar os insumos e não para melhorar os resultados), não há incentivos para que todos se esforcem para melhorar a qualidade dos serviços prestados à população. Esta é, aliás, uma das deficiências básicas dos mecanismos adotados no Brasil, onde vários estudos conduzidos por organizações internacionais e nacionais indicam que a maior disponibilidade financeira não é, por si só, garantia de obtenção de melhores resultados.

O federalismo fiscal brasileiro: principais problemas

Competências tributárias e ajuste vertical

As transformações ocorridas na repartição dos poderes tributários na federação e no grau de exploração das bases tributárias constitucionalmente atribuídas a cada ente federado criaram maiores dificuldades para reduzir o desequilíbrio vertical apontado no capítulo anterior, tornando-o mais dependente do regime de transferências. No modelo adotado pela Constituição de 1967, o equilíbrio era perseguido mediante limitação do campo de aplicação dos tributos federais à produção industrial e aos setores de combustíveis, energia, e comunicações, a atribuição aos estados da competência para instituir um imposto de base ampla sobre a produção e a circulação de mercadorias, e a entrega aos municípios da competência para tributar a prestação de serviços. Como os serviços tinham um peso menos expressivo e a industrialização da economia brasileira ainda não tinha alcançado o nível a que chegou no final da década de 1970, essa repartição assegurava uma divisão mais equilibrada do poder tributário no território nacional.

O dinamismo econômico dos anos 1970 e a instabilidade subsequente alteraram o equilíbrio anterior e deram ensejo às mudanças processadas pela Constituição de 1988 no campo tributário. Um componente importante dessas mudanças foi a ampliação da competência tributária dos estados com a incorporação dos antigos impostos únicos sobre combustíveis, energia e comunicações à base do imposto estadual em consonância com o espírito de descentralização fiscal que presidiu os trabalhos da Assembleia Nacional Constituinte. O outro foi a abertura de um novo espaço para ampliação dos tributos federais, com a instituição das contribuições destinadas ao financiamento da seguridade social, cuja expansão posterior concorreu para a reversão dos ganhos registrados pelos estados nos momentos subsequentes à reforma de 1988, conforme já foi observado. Isso não ocorreu no caso dos municípios porque o dinamismo do setor de serviços e o aumento de sua importância na economia nacional permitiram que eles continuassem melhorando sua posição na repartição do produto da arrecadação de tributos na federação.

Em tese, os estados poderiam tentar recuperar a posição que desfrutavam no início dos anos 1990, mas a ocupação do espaço tributário gerado pela produção e circulação de mercadorias pelo governo federal decorrente do aumento das contribuições sociais e da exploração da base de serviços pelos municípios torna isso muito difícil, dado o tamanho da carga tributária vigente, a menos que fosse possível obter um entendimento nacional em torno das alíquotas individualmente aplicadas.

Na ausência de flexibilidade para redefinir os espaços tributários de cada um e na falta de entendimento a respeito, toda a responsabilidade pela promoção do ajuste vertical deveria recair sobre o sistema de transferências, mas a maneira como as transferências foram sendo conduzidas ao longo das duas últimas décadas não só faz com que ela não preencha essa função, como também concorre para que elas sejam fruto de novas distorções.

Transferências: diversidade de regimes e inconsistência de critérios

Ao longo dos anos, as transferências intergovernamentais de receita no Brasil perderam todos os atributos que caracterizam um sistema. Sucessivos remendos e a adição de novas modalidades de repasses de recursos do governo federal para estados e de ambos para os municípios desfiguraram o sistema que foi construído na reforma de 1967. Em decorrência da multiplicidade de transferências e de lógicas distintas aplicadas às regras que definem sua divisão, o resultado por elas gerado é aleatório e fonte de inúmeras distorções.

O abandono da fórmula originalmente concebida para a repartição dos recursos dos fundos de participação de estados e municípios na receita dos impostos federais sobre a renda e a produção industrial é a mais importante fonte das distorções hoje verificadas na repartição vertical e horizontal de recursos na federação, mas não é a única. A independência dos regimes aplicados ao rateio desses fundos e à entrega de 25% da arrecadação do ICMS devida aos municípios é outro componente importante desse mesmo quadro. Ademais, como o critério de rateio do ICMS é adotado para a entrega aos municípios do que os estados recebem, como compensação pela desoneração das exportações, o problema se torna mais grave, pois não há qualquer razão, a não ser a facilidade operacional, para tal procedimento.

Outros regimes de partilha de receita, como os aplicados ao IPVA, ao ITR, e ao salário-educação, embora representem valores menos expressivos também reforçam as distorções apontadas, pois atendem a critérios próprios e independentes de repartição. Maior relevância tem o crescimento das transferências condicionadas a propósitos específicos que prosperaram na esteira da ampliação das contribuições sociais, em especial aquelas voltadas para o financiamento das ações de saúde, mas estas, pela sua natureza, requerem um tratamento diferenciado.

Inexistência de mecanismos institucionais para solução de conflitos

Em todas as federações, existe uma constante tensão nas relações intergovernamentais no que se refere à distribuição vertical. O que varia é o grau em que se logrou o desenvolvimento de mecanismos eficientes e racionais para a negociação dessa distribuição, ou seja, o processo por meio do qual se obtém um acordo que define qual é a parcela da carga tributária que deve caber a cada nível de governo.

O Brasil não dispõe de qualquer mecanismo institucional que sirva a esse propósito. A distribuição vertical sempre foi definida por meio da competição política entre governos, ficando ao sabor do maior ou menor poder que cada esfera de governo detinha em determinado momento. Nos momentos em que o governo federal tinha maior força, a distribuição pendia a seu favor. Caso contrário, os governos subnacionais procuravam inverter o processo, apropriando-se de maior parcela dos recursos. É marcante a diferença dessa situação perante à de outras federações onde há dispositivos de negociação institucionalizados — comissões intergovernamentais ou comitês de especialistas — que permitem avaliar as respectivas necessidades e evitar crises de financiamento decorrentes de uma distribuição inadequada.

A principal referência para definir qual o volume de recursos necessário para fechar a brecha vertical é a distribuição de encargos na federação ponderada pelos diferenciais de custos entre as jurisdições. Ainda que sejam grandes as dificuldades para efetuar estimativas a respeito, não deixa de ser curioso que essa questão não tenha merecido maior atenção.

O resultado dessa dupla deficiência — ausência de instituições e de informações mínimas necessárias — faz com que a distribuição vertical se torne exclusivamente um problema político, contribuindo para gerar distorções e para sustentar um ambiente de permanentes conflitos e antagonismos.

Ausência de flexibilidade

De outra parte, mesmo que uma federação conte com mecanismos de negociação e com uma base de informações que permita avaliar os encargos e definir, com algum grau de racionalidade, a mais adequada distribuição vertical dos recursos, é necessário que o país conte com instrumentos que permitam ajustar as normas aplicadas à operação desse instrumento a uma realidade que está em constante mutação.

No Brasil, dada a quase total constitucionalização das regras de rateio, não existe, de fato, um instrumento ágil de ajuste vertical. Exatamente por isso o ajuste vertical tem ocorrido sempre mediante reformas constitucionais, quase sempre promovidas em momentos de ruptura institucional, como ocorreu no início e no fim do regime militar.

Inadequação dos mecanismos de cooperação

Nos dois principais programas sociais que se apoiam em regimes próprios de cooperação financeira — educação e saúde —, a experiência brasileira revela uma significativa distância em relação a alguns atributos que definem a qualidade desses regimes. As regras são rígidas e inscritas na Constituição, o que dificulta enormemente o seu ajuste a mudanças na dinâmica socioeconômica. Incentivos à cooperação na formulação de políticas e na gestão dos serviços, quando existem, não funcionam a contento. A repartição territorial dos recursos não guarda relação com a correspondente divisão das demandas. A autonomia para ajustar o uso dos recursos a necessidades específicas de cada caso é limitada. Diferenças de custos na prestação dos serviços não são devidamente consideradas. E verifica-se uma maior preocupação com a garantia dos recursos do que com a obtenção de resultados.

A preocupação com a garantia financeira foi reforçada com as decisões adotadas durante o processo de elaboração da Constituição de 1988. Em decorrência, foram ampliados os percentuais das receitas orçamentárias da União, estados e municípios vinculadas a gastos em educação e criadas novas garantias constitucionais para o financiamento da saúde. No caso da saúde, essas garantias foram posteriormente ampliadas com a Emenda Constitucional nº 29, de 2000, que adotou novas regras para o aporte de recursos federais, que devem tomar por base a média dos valores transferidos em anos anteriores, corrigida pela variação do PIB, e estabeleceu a obrigação de estados e municípios destinarem ao setor 12% e 15%, respectivamente, das suas receitas orçamentárias.

Com a adoção do Fundeb, que ampliou o alcance do programa anterior que se limitava ao ensino fundamental, as mudanças implementadas na área da educação se aproximaram do critério de distribuir os recursos em função da repartição das demandas, contornando o problema criado pela vinculação de percentual uniforme das receitas estaduais e municipais ao setor. Novas medidas nessa área também buscaram introduzir a preocupação com resultados, ao estabelecer repasses adicionais de recursos federais para aquelas localidades que apresentarem melhores desempenhos com respeito à qualidade do ensino.

Na saúde, a possibilidade de corrigir as distorções criadas pela vinculação de percentuais uniformes dos orçamentos estaduais e municipais ao setor mediante estratagema semelhante ao adotado na educação é inviável, por inexistir uma variável capaz de refletir com razoável aproximação a repartição das demandas, como é o caso das matrículas escolares. Assim, mudanças recentes que foram introduzidas para melhorar a gestão desses serviços, como a adoção de um piso para os repasses federais destinados a financiar as ações básicas de saúde (PAB), não são capazes de lidar com o problema apontado, embora melhorem a previsibilidade dos repasses destinados a esse setor. Como o atendimento de maior complexidade prestado pela rede de prestação de serviços médico-hospitalares concentra-se em cidades de maior porte, é a concentração da oferta que acaba influenciando a divisão dos recursos, o que ressalta os problemas que decorrem da ausência de incentivos adequados para promover a cooperação intergovernamental na gestão dos serviços. As transferências federais à conta do SUS buscam organizar o funcionamento do sistema de saúde, mas a incapacidade dos estados para articular as ações exercidas em seu território, em face da autonomia dos municípios e do crescente relacionamento direto destes com o governo federal, dificulta a ocorrência de uma efetiva coordenação.

Tanto no caso da educação quanto no da saúde, as mudanças recentes conduziram a uma redução da autonomia dos governos subnacionais com respeito ao uso dos recursos destinados ao financiamento desses setores. Nas condições vigentes, que determinam a aplicação de percentuais uniformes dos orçamentos estaduais e municipais a gastos nesses setores, isso era necessário para o objetivo de fazer com que as iniciativas nessas áreas convergissem para alcançar um padrão mínimo nacional de prestação desses serviços.

A rigor, as dificuldades enfrentadas para promover a cooperação intergovernamental na gestão das políticas sociais, como revela a experiência acumulada nos últimos anos nos setores de educação e saúde, devem-se à impropriedade dos instrumentos financeiros utilizados para garantir os recursos necessários ao atendimento dos direitos sociais. A preocupação dominante em garantir recursos e a forma utilizada para instituir essa garantia — a vinculação de percentuais da receita de cada ente federado, uniformes para estados e municípios — criam distorções devido às grandes disparidades socioeconômicas encontradas, tanto na dimensão macrorregional quanto no interior de cada uma dessas regiões. Por sua vez, da forma como são processadas, as transferências federais não são capazes de corrigir essas distorções, pois inexiste uma relação predefinida entre o montante de recursos entregue pelo governo federal a cada estado e município e o aporte de recursos que eles são compulsoriamente forçados a aplicar em cada setor. A engenhosa invenção do Fundef/b (Fundef, posteriormente transformado em Fundeb) contornou parcialmente esse problema, sem poder, todavia, corrigi-lo inteiramente. Cabe, portanto, avaliar quais as alternativas a serem consideradas em um amplo projeto de reforma.

O caminho para a reforma

Em comparação com as experiências internacionais antes mencionadas, o federalismo fiscal brasileiro encontra-se visivelmente ultrapassado. Ele não concorre para reduzir diferenças na capacidade de gasto, como na Alemanha e no Canadá, e muito menos para prover um mesmo padrão de serviços, como na Austrália. A base dos fundos constitucionais que tencionam reduzir as disparidades regionais não alcança, como na Índia, a totalidade das receitas federais. Critérios racionais de repartição desses fundos foram abandonados há quase duas décadas e inexistem instituições voltadas para sua permanente reavaliação, como ocorre, ainda que de modo distinto, nas quatro federações mencionadas. Falta clareza de objetivos e, por isso, critérios transparentes para dividir os recursos entre os entes federados. Cumpre, portanto, reconhecer suas deficiências e promover uma profunda mudança nesse modelo.

De fundamental importância para as chances de reformar os principais componentes do modelo vigente é a busca de um entendimento prévio sobre o que se pretende com essa reforma. Mudanças isoladas, promovidas no calor de reivindicações que se assentam na solução de problemas particulares não são capazes de restaurar o equilíbrio nas relações federativas e reforçar os instrumentos necessários para aumentar a eficácia da intervenção do Estado brasileiro com vistas à promoção do desenvolvimento econômico e do bem-estar social.

Para tanto, é necessário que o debate sobre os caminhos que deverão conduzir ao novo modelo de federalismo fiscal leve em conta cinco aspectos fundamentais:

- a definição clara das diretrizes a serem observadas na construção desse novo modelo;
- o equilíbrio entre a repartição de competências e o regime de transferências;
- a adoção de compromissos com resultados no uso dos recursos públicos;
- a introdução de regras flexíveis e assimétricas para permitir que o modelo se ajuste a mudanças na dinâmica socioeconômica;
- o desenho apropriado de um processo de transição.

A abordagem desses aspectos é o objeto dos próximos capítulos.

• 3 •

Competências e harmonização tributária: a proposta do IVA dual*

Não obstante o reconhecimento de todos quanto à necessidade de reformar o sistema tributário brasileiro, toda vez que propostas que visam harmonizar a tributação de mercadorias e serviços são veiculadas ressurgem reações e conflitos que vão criando obstáculos de toda a ordem ao sucesso dessa empreitada. Há quatro razões principais para isso:

- o apego à ilusão;
- a preferência pela segregação;
- a falta de confiança;
- a ausência de perspectiva.

O apego à ilusão se manifesta principalmente pela insistência em preservar autonomias no campo tributário, ignorando os limites que a nova ordem econômica mundial impõe ao exercício dessa autonomia. Na economia global, como aponta Tanzi (2005), os novos paradigmas produtivos e o avanço da tecnologia da informação em todos os campos de produção aumentam a mobilidade das bases tributárias e abrem inúmeras possibilidades de exportação dessas bases para outros países que ofereçam melhores condições para o desenvolvimento dos negócios.

---

* Este capítulo baseia-se em texto inédito de Fernando Rezende e Érika Araújo. Para detalhes, ver Rezende e Araújo (2006).

O apego à ilusão conduz a uma preferência pela segregação. Cada um dos envolvidos em um processo de reforma analisa o problema sob uma ótica própria. O apego aos detalhes supera a visão de conjunto. A lógica individual supera a lógica coletiva. Eventualmente alguns se juntam para defender pontos de vista comuns. Prevalecendo essa atitude, o avanço na direção de uma reforma abrangente permanecerá bloqueado.

A preferência pela segregação resulta de um clima de desconfiança generalizado quanto às reais intenções que subjazem às propostas apresentadas e à real disposição de cumprir o que for acordado. O clima de desconfiança se nutre de experiências acumuladas no passado e de tentativas de sobrepor o interesse individual aos interesses comuns.

Também resulta da ausência de uma perspectiva de mais longo prazo na avaliação das futuras consequências dessa atitude. Com o enfraquecimento da união econômica que decorre da preservação de regimes tributários que impelem diferentes regiões a reforçar laços econômicos internacionais, impedem a formação de cadeias produtivas regionais, reforçam a fuga de empresas nacionais para o exterior e enfraquecem o poder político na nação, as perspectivas de crescimento se reduzem, e com isso a própria capacidade de o Estado brasileiro desempenhar a contento as ações indispensáveis para promover o crescimento econômico em benefício de todos.

A preservação de competências tributárias exclusivas, para garantir a autonomia de cada ente para legislar sobre seu próprio imposto, gera uma situação de permanentes conflitos. Tributos independentes sobre uma mesma base impositiva preservam a autonomia, mas geram impactos regionais diferenciados e podem criar dificuldades ao fortalecimento da união econômica, o que limita as possibilidades de crescimento. Também dificultam a cooperação administrativa e a união de esforços para combater a sonegação.

No regime de competências partilhadas contemplado na proposta do IVA dual, os dois IVAs são submetidos a uma mesma legislação e, portanto, ocorre também o compartilhamento da autonomia. Nenhum ente federado disporá de capacidade para decidir livremente sobre mudanças na legislação que define a maneira como ambos os impostos serão aplicados. Essa situação fornece maior estabilidade normativa e torna o sistema tributário mais simples e transparente, além de forçar a cooperação administrativa. Alguma autonomia pode ser concedida com respeito à fixação de alíquotas para permitir que os estados ajustem seus orçamentos em função da diferença de bases tributárias.

Diretrizes e vantagens da adoção de um IVA dual

Diretrizes

As principais diretrizes de um IVA dual coerente com as demandas por modernização do sistema tributário brasileiro devem ser as seguintes:

- deve incidir apenas sobre o consumo;
- a base tributária deve ser uniforme em todo o país;
- os estados preservam autonomia para fixar alíquotas.
- as exportações devem ser totalmente desoneradas e importações tributadas à mesma alíquota aplicada aos produtos nacionais;
- não devem existir barreiras tributárias à livre circulação de mercadorias e serviços no território brasileiro — adoção do princípio do destino;
- o ônus tributário deve ser transparente, isto é, as alíquotas devem ser aplicadas por fora;
- as administrações tributárias dos três entes federados devem estar plenamente integradas — cadastros unificados e um só número de registro fiscal.

Essas diretrizes se traduzem na criação de dois IVAs independentes — um federal e outro estadual — com a mesma abrangência. Os estados manteriam a competência para decidir de forma autônoma sobre o seu IVA, mas precisariam negociar com os municípios a solução para que a incorporação dos serviços à base do imposto estadual não gere prejuízos para as finanças municipais.

Bases abrangentes teriam o efeito de contribuir para facilitar o entendimento dos estados com respeito à adoção de regras uniformes para o tributo de sua competência, pois permitiriam acomodar melhor as disparidades quanto à concentração da base produtiva e seus impactos sobre a distribuição regional da arrecadação.

Bases abrangentes para o imposto estadual também concorreriam para um menor número de alíquotas no IVA estadual e para facilitar o acordo em torno da adoção do princípio do destino e da solução para a desoneração dos bens de capital, pois fica mais fácil absorver o impacto dessas mudanças. A eliminação de distorções existentes e do conflito gerado pela crescente indefinição das fronteiras entre mercadorias e serviços contribuiria para promover a coesão federativa. De outra parte, se os dois impostos tiverem a mesma abrangência, a competição pela ocupação de bases tributárias semelhantes é mais transparente, o que sustenta o equilíbrio federativo e amplia a capacidade de reação da sociedade a iniciativas isoladas para aumentar a carga tributária.

Em um IVA dual, as competências tributárias seriam partilhadas na federação, o que facilitaria a incorporação do ISS ao IVA estadual e a adoção de alternativas para lidar com a questão municipal, com base na atribuição aos municípios da competência para adotar um imposto sobre vendas no varejo de mercadorias e a prestação de serviços a consumidor final (IVVS) ou um adicional ao IVA estadual e em compensações que poderão ser adicionadas pelo governo federal.

Com a partilha das competências, as alíquotas teriam que ser estabelecidas simultaneamente. Isto significa que passaria a existir na federação brasileira um processo que permitiria promover o ajuste vertical, isto é, ajustar a repartição das receitas entre os entes federados — sem que seja necessário alterar a Constituição, pois a definição conjunta e simultânea das alíquotas definiria como seria dividido o conjunto da arrecadação entre o governo federal e o conjunto dos estados.

Quanto à adoção do princípio do destino nas operações interestaduais, ele é de fundamental importância para eliminar as distorções que as alíquotas interestaduais geram com respeito, por exemplo, a conflitos de interesse no interior de cadeias produtivas que impõem barreiras à agregação de valor às nossas exportações, induzem a decisões ineficientes com respeito à localização de novos investimentos, e geram conflitos com respeito ao aproveitamento de créditos tributários referentes a insumos adquiridos em outros estados que não o exportador. Ademais, há muito que este princípio vem sendo defendido como única solução capaz de eliminar a danosa guerra fiscal hoje praticada no país, que, além de gerar ineficiências, concorre para um clima de antagonismo que afeta o crescimento do Brasil.

Vantagens

As vantagens da substituição de incidências cumulativas por tributos sobre o valor adicionado são amplamente conhecidas. Na presença de um IVA: o ônus fiscal suportado por determinado produto não depende do número de transações realizadas até que ele encontre-se acabado, os preços relativos não são distorcidos em razão de motivos tributários, é possível desonerar plenamente as exportações e os investimentos, bem como conferir igual tratamento ao produto nacional e importado. Em poucas palavras, qualquer imposto que tenha como referência apenas o valor adicionado em cada etapa da produção e comercialização de mercadorias é qualitativamente superior a outro que incida em cascata, porque permite respeitar um importante requisito: o da neutralidade no tocante a decisões econômicas dos agentes privados.

As vantagens decorrentes da introdução de IVA dual não se resumem à sua eficiência econômica. Também se devem ao fato de que sua instituição reduz substancialmente a complexidade de um sistema, onde mais de uma esfera de governo legisla de forma independente sobre impostos que oneram a produção e o consumo de mercadorias e serviços. Sob a égide de um IVA dual, cada uma dessas esferas permanece cobrando separadamente os seus respectivos IVAs, mas as suas características básicas são decididas conjuntamente, atendem a condições previamente estipuladas e as regras são aplicadas de maneira uniforme em todo o território nacional.

A simplificação decorrente da harmonização tributária torna o sistema mais transparente tanto em relação ao ônus efetivamente suportado por mercadoria quanto no que tange a normas e procedimentos operacionais. Por seu turno, a transparência confere maior proteção aos contribuintes em relação aos possíveis abusos do fisco, bem como reduz os custos de cumprimento das obrigações tributárias (*compliance costs*), especialmente, para aquelas empresas que costumam operar em mais de um mercado (internamente e/ou no exterior). A proteção do contribuinte também se beneficia da cooperação necessária para editar as normas aplicáveis a um IVA, uma vez que não só a legislação básica, mas também suas alterações, tem que ser negociada e não pode ser modificada unilateralmente.

A operação do princípio do destino também seria facilitada em um regime de dois IVAs harmonizados, especialmente em uma situação onde a escrituração e a nota fiscal eletrônica estivessem plenamente implementadas e possibilitassem o ajuste automático de débitos e créditos decorrentes de operações interestaduais mediante uma câmara de compensação. O IVA dual também facilitaria a posterior adoção de um regime de equalização fiscal em uma revisão ampla do sistema de transferências, pois uma variável importante para o bom funcionamento de um regime dessa natureza — o potencial de geração de receita própria — seria perfeitamente conhecida.

Principais questões relacionadas à adoção de um IVA dual

O tamanho das alíquotas

A expectativa de que a soma das alíquotas de um IVA dual tenha que ser alta, para que sua adoção produza resultados neutros sobre a arrecadação, é uma importante fonte de preocupação, uma vez que nas condições vigentes ele teria que substituir impostos federais, estaduais e municipais que respondem por mais de 40% da carga tributária global.

Por isso, é grande o receio dos contribuintes em relação à magnitude das alíquotas desse imposto. Embora não haja razão objetiva para supor que ele venha a impor um ônus fiscal maior do que o suportado atualmente, as recentes experiências de mudança na legislação aplicada às contribuições sociais reforçam essa apreensão. Assim, para afastar apreensões e obter o acordo necessário para implementar um IVA dual, é importante estabelecer com clareza, além dos princípios clássicos de legalidade, anterioridade, não cumulatividade e transparência, as bases de cálculo, a definição das alíquotas, os prazos de apuração e pagamento do imposto, e as normas aplicáveis ao julgamento de litígios.

A questão da alíquota também se relaciona com outros aspectos relacionados a características desse imposto que também precisariam estar claramente definidos. Por exemplo, a adoção do crédito financeiro é essencial para eliminar resquícios de cumulatividade, bem como a necessidade de abolir práticas aplicadas à definição da base de cálculo do imposto, como a incidência de um imposto sobre outro, que prejudicam a transparência do ônus tributário. Como tais práticas são formas de inchar a base de cálculo e esconder a alíquota efetiva, sua eliminação irá requerer ajustes nas alíquotas e, portanto, precisam ser objeto de atenção.

Um aspecto importante a ser observado com respeito à definição das alíquotas refere-se à relação entre as alíquotas federal e estadual. Em um modelo ideal, as alíquotas federal e estadual seriam uniformes e aplicáveis a todas as mercadorias e serviços, mas essa não é uma opção viável para o caso brasileiro. Sendo mais de uma (três, por exemplo), seria importante que tanto as alíquotas federais quanto as estaduais fossem aplicadas às mesmas categorias de produtos, de forma a manter a transparência e a simplicidade do imposto. Dada a autonomia que os estados devem ter para fixar suas alíquotas, essa solução também não é fácil de ser alcançada, pois dependerá de entendimentos entre os estados e da flexibilidade que tiverem para ajustar uma regra uniforme ao tamanho de seus orçamentos por meio da adoção de bandas de flutuação.

Uma questão que gera preocupação nos administradores estaduais é a possibilidade de a União alterar posteriormente, de forma unilateral, o equilíbrio entre as alíquotas que resultar de um acordo inicial por meio de medida provisória, trazendo prejuízo para os estados. Para evitar que isso venha a ocorrer bastaria que a lei que instituir o imposto atribuísse ao Senado Federal a competência para fixar as alíquotas estaduais, de modo que os estados ficariam em condições de reagir a qualquer tentativa nesse sentido.

Embora a calibragem das alíquotas para manter a mesma carga tributária não tenha dificuldade técnica, o impacto de um IVA dual não é desprezível, tanto no que diz respeito à distribuição da arrecadação do IVA estadual entre os estados, quanto no tocante à composição setorial da carga tributária. O primeiro problema pode ser equacionado mediante alteração nas regras que regulam as transferências constitucionais de receita a estados e municípios, o que constitui o objeto do próximo capítulo. Já o segundo é difícil de ser avaliado *a priori*, mas precisa ser devidamente apreciado para evitar antagonismos.

Em princípio, quem não exporta, ou não investe, poderá arcar com um ônus adicional para compensar a perda de receita decorrente do deslocamento da incidência tributária para o consumo. Produtos que agregam menos valor deverão sofrer uma carga tributária mais baixa na comparação com os de maior valor agregado, o que traz ganhos para a equidade tributária, embora provoque deslocamentos da carga tributária entre setores da economia. Contribuintes que só operam no limite das respectivas jurisdições estaduais ganham menos com a mudança do que aqueles que operam em várias partes do território nacional.

De outra parte, a forte concentração da arrecadação em alguns poucos setores e a amplitude dos limites vigentes para opção pelo regime tributário simplificado para micro e pequenas empresas deverão contribuir para atenuar o impacto setorial da adoção do IVA dual. Para isso, também contribuirão os ganhos propiciados pela melhoria da qualidade da tributação e pela redução dos custos de cumprimento das obrigações acessórias. Ademais, os ganhos decorrentes da queda na evasão e na sonegação também permitirão obter a mesma arrecadação com alíquotas nominais menores do que a soma das atualmente aplicadas aos impostos que o IVA dual deverá substituir.

Sob outra perspectiva, a convivência do IVA dual com outros regimes de arrecadação — o simplificado para pequenos contribuintes e a substituição tributária — introduz dificuldades que podem tornar inviável, na prática, a adoção desse modelo na sua forma pura. No entanto, esse pode ser o preço a pagar, inicialmente, para avançar no rumo da modernização tributária, de modo a permitir aperfeiçoamentos futuros à medida que a verificação de suas vantagens dispensar a permanência desses regimes.

Uma questão importante a ser observada trata da sincronia dos processos de definição dos dois IVAs. Embora a implementação possa ser defasada, com o IVA federal sendo adotado primeiramente, a desejável harmonização das normas, que incluem o campo de incidência, as bases de cálculo, o número de alíquotas, as categorias de produtos enquadrados em cada uma delas, bem como a desejável coordenação de aspectos operacionais (a exemplo da interpretação das normas e da solução de controvérsias) requer que o desenho dos dois IVAs seja feito simultaneamente.

A questão dos créditos tributários: problema e alternativas de solução

Em qualquer regime de tributação do consumo que adota o método do valor adicionado e o princípio do destino, créditos tributários relativos a saídas para o exterior ou para outros estados (caso de um IVA estadual que adota o mesmo princípio nas saídas para outros estados) devem ser inteiramente ressarcidos, mediante aproveitamento ou devolução em dinheiro. A rigor esses créditos nada mais são do que tributos recolhidos antecipadamente de uma operação posterior que é isenta do tributo e, portanto, devem ser devolvidos sem qualquer condição.

No entanto, a experiência brasileira com o reconhecimento de créditos tributários levanta preocupações com respeito à possibilidade de os contribuintes acumularem créditos. Por isso, uma solução adequada para esse problema é de fundamental importância para a aceitação da proposta do IVA dual. Uma das soluções desenhadas para lidar com ele — que passou a ser chamada de "o modelo barquinho" — propunha o seguinte mecanismo:

- na saída de uma mercadoria para outra unidade, a alíquota estadual é zerada, o estado de origem nada cobra sobre o valor adicionado na fabricação da mercadoria exportada e concede ao contribuinte um crédito do IVA recolhido na aquisição de seus insumos;
- a alíquota federal é automaticamente acrescida da alíquota estadual, ou seja, as duas alíquotas são somadas e o contribuinte, em vez de pagar a parcela estadual do IVA à sua respectiva jurisdição, efetua o pagamento total à União;
- no momento em que a mercadoria ingressa na unidade importadora e é revendida ou incorporada como insumo em outro produto, o contribuinte dessa localidade tem um débito com a União apenas do

valor da alíquota federal e um crédito referente à soma das parcelas federal e estadual; e
- também nesse momento o contribuinte tem um débito com o estado importador, mas nenhum crédito, pois o estado de origem nada recolheu nessa transação.

Nessa sistemática, a União apenas transporta o IVA estadual de uma unidade para outra, por meio da cobrança do seu próprio imposto. Assim, simultaneamente, seria evitado que as mercadorias exportadas deixassem a jurisdição de origem completamente livres de tributação e seria permitido que a jurisdição de destino se apropriasse integralmente do IVA relativo às suas compras provenientes de outros estados.[10]

Um exemplo numérico ajuda a compreender melhor o modelo. As premissas adotadas são:

- cadeia de produção e comercialização de uma dada mercadoria formada por três estágios nos quais são sucessivamente adicionados 100 de valor. Nas duas primeiras etapas são realizadas transações entre contribuintes e, na terceira etapa, a mercadoria é vendida ao consumidor final;
- existem dois estados, X e Y;
- a alíquota federal e as estaduais incidem "por fora" e são fixadas em 10% e 20%, respectivamente.

Com base nessas premissas, a tabela a seguir apresenta duas hipóteses:

- todos os mencionados estágios ocorrem em X;
- o estágio I acontece em X, o II corresponde a uma transação interestadual entre X e Y, e a etapa III ocorre em Y.

Nessas condições, verificamos que o ônus fiscal total incidente em cada estágio de produção e comercialização é o mesmo, tanto nas tran-

---

[10] Esse modelo foi originalmente desenvolvido por Ricardo Varsano (1999) e posteriormente modificado por outros autores. O IVA federal é o barquinho que transporta o imposto do estado de origem para o estado de destino cujas jurisdições se situam nas margens opostas de um rio hipotético.

sações intra quanto nas interestaduais. Assim sendo, não há incentivos para operações fraudulentas, como ocorreria caso o princípio do destino fosse operacionalizado sem a ajuda do IVA federal, isto é, apenas pela aplicação de uma alíquota zero ao IVA do estado exportador.

Apuração do IVA dual nas transações intra e interestaduais
(alíquota federal = 10% e alíquota estadual = 20%)

Estágios da produção e da comercialização	Transações	Hipótese 1			Hipótese 2		
		IVA F	IVA E	Total	IVA F	IVA E	Total
						Em X Em Y	
Estágio I							
Alíquotas		10%	20%	30%	10%	20% 0%	30%
(a) Compras/créditos	0	0	0	0	0	0 0	0
(b) Vendas/débito	100	10	20	30	10	20 0	30
(c) Dívida tributária (a − b)		10	20	30	10	20 0	30
Estágio II							
Alíquotas		10%	20%	30%	30%	0% 0%	30%
(d) Compras/créditos (d = b)	100	10	20	30	10	20 0	30
(e) Vendas/débito	200	20	40	60	60	0 0	60
(f) Dívida tributária (d − e)		10	20	30	50	−20 0	30
Estágio III							
Alíquotas		10%	20%	30%	10%	0% 20%	30%
(g) Compras/crédito (g = e)	200	20	40	60	60	0 0	60
(h) Vendas/débito	300	30	60	90	30	0 60	90
(i) Dívida tributária (g − h)		10	20	30	−30	0 60	30
Arrecadação total (c + f + i)		30	60	90	30	0 60	90

Obs.: O exemplo desta tabela foi desenvolvido por Érika Araújo.

Porém, a adoção desse modelo implica a necessidade de devolução de créditos tributários decorrentes de operações interestaduais, tanto por parte dos estados quanto por parte da União, indicados por sinais negativos destacados em negrito na tabela anterior, cuja importância depende do seguinte:

- da magnitude da alíquota federal *vis-à-vis* a estadual — quanto menor for a alíquota do IVA F em relação ao IVA E, maiores serão os créditos a serem ressarcidos pela União;
- da diferenciação das alíquotas por tipo de produto — quanto menor for a alíquota praticada nos produtos tipicamente comercializados entre os estados menor será o acúmulo de créditos oriundo de transações interestaduais;
- do volume de transações dentro e fora do estado de origem — os contribuintes com preponderância de vendas para outros estados e aquisições dentro do próprio estado em que estão instalados acumularão créditos contra o IVA E;
- do volume de transações dentro e fora do estado de destino — os contribuintes com preponderância de importações de outros estados em relação às vendas internas acumularão créditos contra o IVA F.

Note que a existência de créditos acumulados contra o estado de origem não anula o débito com a União. No estado de destino, os recolhimentos do IVA E também não são afetados pela presença de créditos contra a esfera federal. Apenas na hipótese em que os créditos do IVA E e IVA F se comunicassem, isto é, pudessem ser compensados, é que o problema do acúmulo de créditos desapareceria.

Conforme apontado, a acumulação de créditos contra o IVA federal depende do tamanho da alíquota do IVA da União. Quando esse modelo foi concebido, durante os primeiros momentos de elaboração da proposta de reforma tributária apresentada pelo governo federal em 1995, a arrecadação dos tributos federais que seriam substituídos pelo IVA da União era bem menor do que a arrecadação do ICMS, o que fez com que a perspectiva de acumulação de créditos fosse uma das causas importantes de sua rejeição. Isso não mais se verifica. Agora, como a soma dos impostos federais que irão ser substituídos pelo IVA (cerca de 6,5% do PIB) já é bem próxima da arrecadação do ICMS (aproximadamente 7,1% do PIB), a alíquota federal não será pequena, de modo que o problema diminui bastante em importância.

Além disso, outras medidas podem ser adotadas para minimizar o problema de acúmulo de créditos tributários, entre elas:

- adoção de alíquotas menores para os insumos básicos e bens de capital contribuirá para minimizar o acúmulo de créditos, uma vez que esses produtos concentram uma parcela considerável das trocas interestaduais;
- apuração centralizada para o conjunto de estabelecimentos de uma mesma empresa, de modo a permitir a transferência de créditos acumulados entre os estabelecimentos de uma empresa situados no território estadual. Essa medida tem maior alcance no caso do IVA federal, pois nesse caso ela pode ser aplicada a estabelecimentos de uma mesma empresa situados em qualquer parte do país;
- apuração centralizada do saldo final do IVA E e IVA F possibilitaria um "encontro de contas" no qual o contribuinte com saldo devedor em um dos dois impostos poderia quitar sua dívida com créditos acumulados. A escrituração fiscal e apuração de cada um dos dois IVAs seriam separadas e, apenas para fins de recolhimento, seria feita a apuração centralizada. Essa solução depende do estabelecimento de um razoável grau de cooperação e confiança entre as administrações tributárias estaduais e a federal. É necessário sincronizar os cadastros e integrar os sistemas de fiscalização e controle;
- permissão de utilização de créditos acumulados para saldar débitos fiscais vencidos;
- ressarcimento em dinheiro — a devolução em espécie é o mecanismo mais eficiente para ressarcimento dos contribuintes dos créditos acumulados. Não obstante, essa opção costuma ser rejeitada pelos fiscos em virtude do receio de incentivar operações fraudulentas de pedidos de reembolso. No entanto, o Brasil opera com sucesso um sistema de devolução do imposto de renda recolhido de pessoas físicas, de modo que essa experiência poderia ser aproveitada para lidar com a devolução em dinheiro do crédito acumulado de IVA. Não custa lembrar que no modelo proposto cada esfera de governo só precisa devolver créditos de um imposto que foi por ela mesma arrecadado.

Apesar das opções apontadas, as desconfianças geradas pelo comportamento recente das administrações tributárias com respeito ao problema do acúmulo de créditos tributários, a perspectiva de que esse problema não seja inteiramente corrigido constitui uma séria barreira à aceitação da proposta do IVA dual. Assim, na situação vigente de ausência de uma cultura de respeito aos créditos poderá ser necessário adotar medidas que conduzam à formação dessa cultura, mediante, por exemplo, o reforço de garantias constitucionais a esse respeito.

Além de garantias, um aspecto que pode ampliar a percepção das vantagens da proposta do IVA dual é que nesse modelo o empresário não é refém de medidas adotadas pelos governantes para não devolver o imposto cobrado em etapas anteriores quando o produto é exportado — para outro estado ou para o exterior. Se isso ocorrer, a empresa poderá optar por importar os insumos de outros estados para evitar o acúmulo de créditos, o que traria prejuízos à economia estadual e levaria os governantes a repensar as vantagens de adotar medidas dessa natureza.

Cabe destacar, ao final, que as preocupações anteriores com respeito ao acúmulo de crédito foram definitivamente afastadas com a introdução de novas tecnologias no campo da administração tributária, que dispensam a adoção do modelo do "barquinho". Trata-se da implantação da escrituração e da nota fiscal eletrônicas, que, quando concluída, permitirá que a operacionalização do princípio do destino seja feita por meio de uma câmara de compensação. Nesse caso, o imposto devido nas operações interestaduais seria integralmente cobrado na origem e essa câmara operaria os repasses devidos aos estados de destino das mercadorias. No passado, essa alternativa era objeto de restrições decorrentes de incertezas quanto ao controle das informações necessárias e de dúvidas a respeito da tempestividade dos repasses a serem feitos pelos estados superavitários no comércio interestadual. Com a adoção da nota fiscal eletrônica, as restrições mencionadas ficam superadas e a câmara de compensação passa a ser a opção preferida para operacionalizar o princípio do destino.

Impactos da adoção do princípio do destino nas receitas estaduais

À diferença do passado, o impacto da adoção do princípio do destino na receita dos estados não é tão simples de ser aferido. Não basta saber se o estado é superavitário ou deficitário na balança interestadual de comércio. É também necessário apreciar se ele ganha ou perde em função das diferenças de alíquotas interestaduais entre estados de distintas regiões. Em razão dessas diferenças, o estado pode ser deficitário na balança de comércio e ainda assim perder receita com o princípio do destino.

Isso ocorre, por exemplo, quando o déficit comercial não é muito grande e resulta de compras de estados das regiões Norte, Nordeste e Centro-Oeste, mais o Espírito Santo, que se originam das regiões Sul e Sudeste e são taxadas na origem a 7%, isto é os estados só arrecadam a diferença entre a alíquota interestadual e a alíquota interna (na maior parte dos casos de 11%), enquanto as vendas interestaduais são taxadas a 12%. Nesse caso, a soma da arrecadação estadual nas divisas supera o que seria arrecadado se o imposto de 18% incidisse apenas nas entradas. Da mesma forma, estados do Sul-Sudeste que apresentarem uma balança comercial superavitária modesta nas trocas com estados das demais regiões também perderiam com a adoção do destino, pois o que cobram nas saídas (7%) mais o que cobram nas entradas (6%) superam o que arrecadariam se a alíquota de 18% for aplicada apenas nas entradas.

Nas trocas entre estados do Norte, Nordeste e Centro-Oeste, mais o Espírito Santo, e entre os estados do Sul-Sudeste, o problema acima apontado não existe. Nesses casos, ganhariam receita os que apresentassem déficit nas transações com os demais estados das mesmas regiões e perderiam receita os que apresentassem superávit.

A situação de cada estado depende, portanto, da combinação de duas variáveis: a dimensão do saldo comercial e a origem-destino dos fluxos de comércio que mantêm com estados pertencentes às duas regiões mencionadas. Tendo em conta apenas as diferenças entre as alíquotas básicas do ICMS aplicadas às operações internas e interestaduais (18%, 7% e 12%), são quatro as situações que podem ocorrer.

Perderiam receita:

- estados das regiões mais desenvolvidas que apresentassem superávit comercial com o conjunto de estados das demais regiões superior a 30% da respectiva corrente de comércio;

- estados das regiões menos desenvolvidas que apresentassem um déficit comercial com o conjunto dos estados das demais regiões inferior a 25% da respectiva corrente de comércio.

Ganhariam receita:

- estados das regiões mais desenvolvidas cujo superávit comercial com o conjunto dos estados das demais regiões fosse inferior a 30% da respectiva corrente de comércio;
- estados das regiões menos desenvolvidas cujo déficit comercial com o conjunto dos estados das demais regiões fosse superior a 25% da respectiva corrente de comércio.

Convém lembrar que, em face da guerra fiscal, a avaliação de ganhos e perdas deve levar em conta ainda outros fatores que não apenas o saldo do comércio interestadual e a balança de débitos e créditos tributários. É que as informações disponíveis sobre o comércio interestadual não refletem a real dimensão das perdas decorrentes da adoção do princípio do destino por não levarem em conta benefícios que reduzem a receita efetiva, caso, por exemplo, da concessão de crédito presumido. A concessão de crédito presumido não altera a base de cálculo do imposto que é a informação utilizada na apuração da balança comercial, embora a receita referente a uma determinada transação seja reduzida, ou até mesmo eliminada.

Em função das limitações das informações disponíveis, uma aferição confiável de ganhos e perdas só poderá ser feita *a posteriori*. Ademais, com a adoção do destino, o perfil do comércio interestadual será alterado, pois as distorções decorrentes do atual regime do ICMS deverão desaparecer, ao mesmo tempo que o fechamento das brechas que facilitam a sonegação deverá gerar ganhos não desprezíveis de arrecadação.

O IVA dual e as finanças municipais

Não parece haver discordância técnica quanto à importância de incorporar o ISS à base do IVA estadual e acabar com uma anomalia que não conseguimos corrigir na reforma de 1988, quando essa mesma proposta foi apresentada. De lá para cá aumentaram as distorções que tal situação acarreta, em virtude da crescente importância dos serviços na economia brasileira e da dificuldade cada vez maior em traçar limites precisos para distinguir mercadorias de serviços em função do avanço da tecnologia da informação nos mais distintos campos da atividade produtiva.

As mudanças tecnológicas também repercutem na tributação, com consequências importantes para o federalismo fiscal. Em trabalho recente, Vito Tanzi (2005) chama atenção para a erosão de bases tributárias tradicionais provocada pela atuação subterrânea de autênticas formigas fiscais. Essa erosão, propiciada pelo avanço da tecnologia da informação em diferentes áreas da economia, decorre:

- do avanço do comércio eletrônico, tanto no plano interno quanto no internacional;
- das facilidades para movimentar recursos financeiros por meio de transações eletrônicas;
- da criação de centros financeiros *offshore*;
- da existência de paraísos fiscais.

Nesse contexto, a base fiscal de um país não está mais circunscrita ao seu território, podendo se estender a partes da economia global. A esse respeito, duas questões são de especial interesse. A primeira se refere à exportação de bases tributárias que resulta do *outsourcing* de partes do processo produtivo de grandes organizações. Com serviços tais como software, *call centers* e outros sendo deslocados para outros países ou continentes, juntamente com a produção de peças e componentes utilizados em quase todos os segmentos relevantes da produção industrial, boa parte de bases tributárias tradicionalmente exploradas no nível subnacional desaparece, tornando necessário concentrar a arrecadação em tributos de baixa mobilidade territorial, como a propriedade, a renda familiar e o consumo de mercadorias e serviços.

Há, portanto, boas razões para arguir que a substituição do imposto municipal sobre a prestação de serviços (o ISS) por um imposto mais abrangente sobre o consumo de mercadorias e a prestação de serviços a consumidor final — denominado IVVS — é uma boa opção. Por incidir sobre todo o consumo efetuado no território municipal, o IVVS tem uma base tributária mais ampla do que o ISS, que incide apenas sobre os serviços prestados no mesmo município. De outra parte, ao incidir apenas sobre o que é consumido, o IVVS remove uma importante barreira à competitividade de setores modernos que têm nos serviços uma parcela importante de seus custos de produção. De quebra, elimina uma importante fonte de conflito entre estados e municípios com respeito a quem cabe a competência para tributar um leque cada vez mais amplo de atividades em que a distinção entre o que é mercadoria e o que é prestação de serviço é afetada pelo avanço da tecnologia. Ademais é inevitável promover essa mudança, se não agora no prazo mais curto possível, pois a mencionada mobilidade da prestação de serviços modernos pode fazer com que as perdas no médio prazo sejam substanciais.

A despeito das vantagens da mudança, entidades que representam distintas categorias de municípios se juntam a interesses corporativos para defender a preservação do ISS, empunhando a bandeira da autonomia federativa e exibindo números que mostram a pujança e o dinamismo da arrecadação desse imposto pelos governos locais. A eles se associam denúncias emanadas de entidades representativas do comércio varejista que veem no IVVS uma arma poderosa para estimular ainda mais a informalidade e a competição desleal das empresas organizadas com o setor informal da economia.

Em boa parte, a crença na inviabilidade de uma reforma tributária abrangente, que lide não apenas com a modernização dos tributos, mas também com o equilíbrio da federação, contribui para que as vozes dissonantes ganhem uma intensidade muito superior ao devido. É que como ninguém acredita na viabilidade de uma reforma profunda, duas atitudes principais predominam. De um lado, os que se beneficiariam da mudança se omitem do debate e preferem negociar mudanças pontuais para atender a situações de maior emergência. De outro, os que se sentem ameaçados aproveitam o espaço para ampliar a ressonância de suas preocupações.

Tal situação contamina o debate e influencia negativamente a opinião pública, embora o IVVS apresente inegáveis vantagens quando comparado com o ISS, entre elas:

- a base tributária é mais ampla e, portanto, menos sensível a mudanças na composição do consumo que se realiza no município;
- a desnecessidade de distinguir mercadorias de serviços para fins de tributação elimina uma importante fonte de litígio entre os entes federados e entre eles e seus contribuintes, o que reverte em benefício da administração e da arrecadação;
- com o avanço da abertura econômica e da globalização dos mercados, aumenta a mobilidade da prestação de serviços, que pode se deslocar para o exterior em função de custos tributários, erodindo as bases tributárias atuais (a transferência de serviços para a Índia é um bom exemplo);
- integrado a um sistema nacionalmente harmonizado, o IVVS contribuiria para reforçar a capacidade dos fiscos atuarem de forma integrada e cooperativa para fecharem as brechas à elisão e à sonegação fiscal.

A alegação de que o IVVS estimularia a informalidade e aumentaria as dificuldades que as empresas organizadas já enfrentam em face da concorrência desleal com o comércio informal pressupõe que os municípios estariam trocando um imposto mais fácil de fiscalizar por outro de mais difícil administração, o que carece de evidências conclusivas. No regime atual, boa parte dos pequenos negócios, tanto no comércio quanto nos serviços, já faz parte do regime simplificado de pagamento de tributos, cujo alcance é agora ampliado com a implantação do Simples nacional, apropriadamente chamado de Super Simples. De outra parte, não há razão para acreditar que a prestação de serviços seja mais concentrada do que a organização do comércio varejista. Este também se concentra cada vez mais em grandes redes que reúnem o grosso das vendas feitas ao consumidor final para se beneficiarem dos ganhos de escala que assumem crescente importância com o aumento da competição.

A hipótese de que um imposto sobre vendas ao consumidor final estimularia a informalidade em virtude de gerar aumento de carga tributária sobre o comércio ignora que mudanças dessa envergadura requerem ajustes simultâneos nas alíquotas para preservar a mesma carga tributária global. Na situação vigente, os estados não tributam a prestação dos serviços e os municípios não tributam a atividade comercial. Ambos tendem, portanto, a impor alíquotas mais elevadas sobre bases mais estreitas para satisfazerem suas necessidades orçamentárias. Se estados e municípios tiverem suas bases tributárias ampliadas, as alíquotas terão que ser ajustadas para refletir essa nova realidade. Na verdade, o mais provável é que um sistema tributário mais eficiente abra espaço para a redução da carga tributária, em função do estímulo à cooperação na administração e no controle do cumprimento das obrigações fiscais, e também para aliviar o custo das obrigações acessórias suportado pelos contribuintes.

De certo modo, o nome usualmente dado a um novo imposto municipal — imposto sobre vendas no varejo (IVVS) — contribui para distorcer a percepção de sua abrangência e as dificuldades para sua cobrança. O nome deriva da recomendação de que esse imposto deva incidir apenas sobre as vendas ao consumidor final, isto é, não onere as etapas prévias do ciclo de produção e comercialização de mercadorias e serviços. A rigor, ele alcança todo o consumo local, de tal modo que a arrecadação de um determinado município passaria a guardar uma relação mais estreita com a renda de seus habitantes. Municípios grandes poderão se beneficiar do fato de que o consumo de serviços, assim como de bens mais sofisticados, guarda uma forte relação com a concentração espacial da renda, ao passo que pequenos municípios deverão contar com um maior espaço tributário propiciado pela ampliação de sua base tributária própria.

Quanto à questão da autonomia, cabe ressaltar que ela não pode colidir com um princípio básico do regime federativo que é a inexistência de barreiras de qualquer natureza à livre movimentação de pessoas e de bens em todo o território abrangido pela federação. A tributação municipal sobre a prestação de serviços que não aqueles localmente consumidos fere esse princípio e deve, portanto, ser revista à luz da necessidade de preservar a união econômica da nação. De outra parte, a autonomia hoje desfrutada pelos municípios se restringe à definição de alíquotas, cujo exercício também foi recentemente limitado para reduzir a competição entre eles. A rigor, se o imposto municipal passar a incidir apenas sobre o consumo de seus habitantes, a autonomia para definir alíquotas pode até ser ampliada, com o limite para seu exercício sendo definido em função da reação de seus próprios contribuintes a possíveis excessos do fisco.

Convém também ter em mente que um importante foco de resistência à perda do ISS se origina de pressões das entidades que representam os interesses dos fiscos municipais, que temem perder influência, e até mesmo o emprego, se toda a máquina que foi construída nas prefeituras para administrar o ISS, inclusive mediante vultosos investimentos oriundos de programas que contaram com recursos do Banco Interamericano de Desenvolvimento (BID), for desmantelada ou tiver suas atribuições substancialmente diminuídas. Tal preocupação pode ser afastada, pois a opção pelo IVVS não irá dispensar a necessidade de estados e municípios cooperarem na área da fiscalização reunindo as experiências dos primeiros no campo das mercadorias e dos segundos no campo dos serviços.

A opção pelo IVVS teria o inconveniente de afetar a harmonização e a simplificação do sistema se as regras não forem uniformes e se houver liberdade de fixação de alíquotas. Uma alternativa não excludente consistiria na concessão aos municípios da competência para aplicar uma alíquota própria sobre a base do IVA estadual.[11] A alternativa de uma alíquota municipal sobre a base do IVA estadual atende à preocupação com a harmonização e a simplicidade, mas esbarra no quesito autonomia. As duas apresentam ainda o problema de afetar a repartição da receita municipal entre municípios de diferentes características. Cabe explorar um pouco mais essa questão.

Em qualquer alternativa, a repartição da receita tributária entre os municípios sofreria alterações não desprezíveis. Com a adoção do princípio do destino no IVA estadual, a arrecadação da alíquota municipal sobre a base desse IVA se distribuirá em função da localização dos es-

---

[11] Para que essa alíquota onere o consumo no município, ela teria que ser aplicada apenas na última etapa da venda ao consumidor final. Com várias alíquotas e suas bandas, isso pode ser uma operação complicada. Parece mais simples propor que a alíquota municipal incida sobre o valor das saídas nas operações a consumidor nos termos da legislação adotada pelo IVA estadual.

tabelecimentos varejistas, o que não corresponde necessariamente ao consumo em cada município.[12] O mesmo ocorrerá no caso do IVVS, pois a distribuição da arrecadação do conjunto dos municípios que se enquadrarem nas condições que a lei estabelecer para cobrar esse imposto acompanhará o que foi observado para o caso da alíquota municipal sobre o IVA estadual, pois não é viável implementar o destino no plano municipal.

De qualquer modo, isso não parece ser um problema grave a não ser em regiões metropolitanas e outras aglomerações urbanas importantes em que as atividades varejistas mais importantes — supermercados, centros comerciais, distribuidoras de veículos etc. — se concentrarem em municípios vizinhos, o que poderia gerar competição por atração desses negócios na ausência de limites. De outra parte, a tendência à concentração dos serviços mais importantes nos centros urbanos mais sofisticados pode gerar algum equilíbrio.

Mudanças na repartição das receitas não ocorrerão apenas entre categorias de municípios, mas também entre regiões, em função do impacto do destino na repartição do imposto estadual. Em princípio, estados pequenos do Norte e do Nordeste, que ganharão com o IVA destino, entregarão uma parcela maior de recursos com base nas regras que definem a cota-parte municipal no imposto estadual. No outro extremo, municípios do Sul e do Sudeste de estados que têm expressivos superávits nas transações interestaduais verão sua fatia na arrecadação estadual encolher num primeiro momento. Tal perspectiva reforça a sugestão de combinar as duas alternativas mencionadas para a substituição do ISS. A alíquota municipal sobre o IVA estadual tem alcance nacional e a possibilidade de implementação do IVVS estaria mais concentrada em municípios das regiões mais desenvolvidas.

Em qualquer cenário, mudanças dessa envergadura deverão reabrir a discussão dos critérios aplicados à repartição de três quartos da cota-

---

[12] A arrecadação difere do consumo do município em face de a localização de estabelecimentos varejistas de grande porte se dar no município vizinho, ou até mesmo em locais mais distantes (distribuidora de veículos, por exemplo), o que pode ser explicado por vários fatores como preço de terrenos, proximidade de mão de obra etc.

parte municipal na arrecadação do IVA estadual, que, por coerência, deveria se dar não em função do valor adicionado em cada município e sim do consumo. Não obstante, dificuldades operacionais podem inviabilizar essa mudança, pois as informações geradas a partir da arrecadação da alíquota municipal do IVA estadual não são adequadas pelos motivos apontados. Alternativas para adotar o consumo como critério para a repartição da parcela da cota-parte que hoje obedece ao valor adicionado fazem parte de um estudo recente do Fórum Fiscal dos Estados Brasileiros, citado no primeiro capítulo deste livro.

Simulações a respeito do impacto da adoção do IVVS, feitas em passado recente, mostram que uma alíquota para um imposto dessa natureza inferior a 4% não seria capaz de gerar a receita necessária para substituir o ISS nos municípios de grande porte, principalmente as mais importantes capitais estaduais. A despeito da grande expansão da arrecadação desse imposto, novas simulações feitas de modo independente pelo Banco Nacional de Desenvolvimento Econômico e Social (BNDES) e pelo Ministério da Fazenda não chegam a resultados muito diferentes e reforçam a tese de que é necessário adotar procedimentos distintos para lidar com necessidades diferentes dos municípios, em função do porte e da natureza de sua base econômica.

Alíquotas uniformes trariam novos problemas, pois, em face de uma alíquota elevada para o IVVS, pequenos municípios apresentariam ganhos expressivos, acentuando as distorções na distribuição da receita municipal, que já oferece grande vantagem aos municípios de menor porte. Para lidar com esses problemas é preciso ampliar o foco da análise do impacto de mudanças na tributação municipal, de modo a avaliar em que medida outros impactos esperados com a implementação dessa proposta podem contribuir para resultados menos desequilibrados.

Por seu turno grandes diferenças entre as alíquotas do IVVS podem abrir espaço para uma indesejável competição fiscal, que poderia trazer prejuízos para as capitais e demais municípios grandes. Para evitar que isso ocorra seria necessário combinar as duas alternativas anteriormente mencionadas para os municípios tributarem as vendas ao consumidor final: a aplicação de uma alíquota pequena e uniforme sobre a base do IVA estadual na última etapa da cadeia produtiva; e a aplicação de um imposto próprio sobre as vendas no varejo. Essa opção permitiria sobrepor duas incidências nas vendas ao varejo — uma básica, que beneficiaria a todos, e outra suplementar que seria aplicada apenas pelos municípios que preenchessem os requisitos para sua instituição a serem estabelecidos em lei complementar.

A solução acima aventada preserva alíquotas uniformes para os dois conjuntos de municípios, preserva os ganhos de municípios pequenos com a arrecadação nas vendas finais e atende às demandas de municípios grandes por manutenção de competências tributárias próprias. Ao mesmo tempo reduz o espaço para a competição fiscal, pois as diferenças entre os dois conjuntos de alíquotas seriam menores e vantagens tributárias que pequenos municípios de lugares distantes apresentassem poderiam ser anuladas por outras desvantagens de localização.[13] Ademais há que atentar para o fato de que a concessão de benefícios fiscais com base em vendas ao consumidor final encontra limites em face da impossibilidade de compensar seu impacto sobre a arrecadação.

Do ponto de vista das finanças municipais, a substituição do ISS por um imposto municipal sobre o consumo contribuiria para atenuar um dos mais graves problemas que hoje se verificam nas finanças dos municípios brasileiros, que se manifesta sob a forma de um acentuado desequilíbrio horizontal na repartição das receitas próprias, conforme assinalado anteriormente. Tais desequilíbrios, que tendem a se acentuar em função da concentração de serviços modernos e de alto valor nas grandes cidades demandam maior complexidade das regras que regulam as transferências e geram maiores conflitos de interesses entre os municípios de grande porte e os demais. Como o consumo se distribui de forma mais equilibrada territorialmente que a prestação de serviços, a mudança em tela reduziria a concentração do potencial de geração de receitas próprias e, portanto, diminuiria o peso das transferências na composição dos orçamentos municipais.

Sob outra perspectiva, a relação do consumo com a renda local também contribuiria para reduzir a diferença entre as demandas que a

---

[13] Para limitar a competição em áreas metropolitanas, as alíquotas nesses casos deveriam ser uniformes.

população exerce sobre o poder público e a capacidade de os municípios atendê-las, em maior grau, com recursos arrecadados localmente, com vantagens para o exercício do controle da sociedade sobre seus governantes.

A adoção do IVVS como o principal tributo municipal seria o primeiro passo na direção de outras mudanças importantes para reforçar a autonomia dos municípios e a eficiência no uso dos recursos por eles administrados. Uma nova base tributária forçará mudanças nas transferências para reduzir a sensibilidade e a instabilidade dos fluxos financeiros, bem como a rigidez dos orçamentos municipais.

Quanto mais demorar a aceitação dessa mudança, maior será o risco de os municípios que hoje resistem a ela assistirem ao encolhimento de seu potencial de arrecadação em função da fuga de contribuintes para outras regiões, do país e do exterior, em busca de menores custos tributários para ampliar sua competitividade na economia global.

Por que um IVA dual

A opção pelo IVA dual é a solução recomendável para conciliar os objetivos de harmonização, simplificação e modernização do sistema tributário com as necessidades de preservação da autonomia federativa e da competitividade do setor produtivo nacional.

Para alguns seria melhor adotar um só IVA, na competência do governo federal e partilhar automaticamente o produto da arrecadação, o que produziria resultados idênticos do ponto de vista da competitividade e melhores do ponto de vista da simplificação, sem incorrer na necessidade de se adotar um mecanismo relativamente complexo de operacionalização do destino nas trocas interestaduais.

A instituição de um IVA centralizado, por definição, evita problemas de coordenação interna bem como a discussão origem *versus* destino nas trocas interestaduais. Assim sendo, por que não adotar esse modelo se o mesmo representa uma solução aparentemente bem mais simples do que o IVA dual para os problemas que afligem o nosso sistema tributário?

Nem sempre o que é mais simples é o mais adequado. Uma das principais tendências atuais no debate tributário internacional focaliza a necessidade de aproximar o poder de tributar do poder de gastar, mediante atribuição de maiores poderes a governos subnacionais, de modo a incentivar a eficiência do Estado e garantir a *accountability* dos governantes. A formação de um condomínio tributário, no qual a União, os estados e os municípios dividem a receita de um único imposto, dilui o poder de resistência da sociedade a pressões por aumento de receita para financiar uma demanda conjunta por maiores gastos. O IVA dual afasta esse risco.

De outra parte, a preservação da autonomia federativa não é um capricho de lideranças políticas, ela constitui um valor em si mesmo a ser preservado. No plano fiscal, a preservação desse valor requer alguma liberdade para dispor sobre fontes próprias de receita para ajustar os orçamentos de cada ente federado ao tamanho das respectivas responsabilidades. A responsabilidade fiscal não é garantida apenas pela existência de leis que buscam coibir o manejo irresponsável das contas públicas. É preciso que a autoridade que toma a decisão de gastar seja também responsável por definir as alíquotas do imposto que serão necessárias para financiar as respectivas intenções de gasto de forma transparente, de modo a que a população possa exercer seu papel de controle sobre o Estado.

O grande desafio no caso brasileiro é implementar um novo modelo tributário que respeite a autonomia subnacional para cobrar seus respectivos tributos e evitar que o exercício dessa autonomia se traduza em distintos territórios fiscais dentro do território nacional. A opção por um IVA dual é o caminho para superar esse desafio. Como foi mencionado, embora não seja perfeita, é a melhor opção para conciliar a competitividade do setor produtivo, mediante simplificação da tributação incidente sobre bens e serviços e remoção das principais distorções existentes, com a autonomia e o equilíbrio federativos.

A proposta de instituição de um IVA dual constitui o primeiro passo na direção do objetivo de uma reforma abrangente que leve à implementação de um novo modelo de federalismo fiscal no Brasil. Com ela, as ineficiências econômicas do regime tributário vigente ficam quase que integralmente resolvidas. No entanto, uma mudança dessa envergadura altera a repartição da arrecadação do imposto estadual e precisará ser acompanhada de medidas para restaurar o equilíbrio. A forma mais efetiva de corrigir as mudanças provocadas na repartição da arrecadação do imposto estadual é adotar um regime de equalização fiscal. Na modalidade adotada em federações desenvolvidas, o regime de equalização visa reduzir os diferenciais de capacidade de gasto entre os entes federados, complementando o orçamento daquelas unidades em que a base tributária, ainda que devidamente explorada, é insuficiente para gerar as receitas compatíveis com um padrão básico de oferta de serviços. Assim, o funcionamento adequado de um regime de equalização promove o equilíbrio entre recursos e necessidades no interior do território de cada jurisdição e, portanto, elimina distorções que dificultam a eficiência do gasto. Além disso, ele contribui para reduzir tensões e antagonismos e, dessa forma, para ampliar as chances da reforma. O próximo capítulo aborda essa questão.

• 4 •

Transferências, equalização fiscal e cooperação intergovernamental

Diretrizes de um novo modelo de transferências

Duas questões importantes dominam a literatura e a prática do federalismo fiscal. A primeira se refere à necessidade de equilibrar a repartição de recursos e de encargos entre os entes federados. A segunda trata da redução das disparidades entre eles. A primeira aborda a chamada brecha vertical. A segunda, os desequilíbrios horizontais. A adequada solução dessas duas questões é crucial para a sustentação do equilíbrio e da coesão em regimes federativos.

A brecha vertical assume crescente importância em face do avanço do processo de descentralização de encargos públicos e da necessidade de harmonizar a tributação em escala nacional (e até mesmo supranacional). Por seu turno, os desequilíbrios horizontais emergem da diferença entre a capacidade de autofinanciamento dos governos subnacionais, que decorre da concentração territorial da renda e da produção, e a magnitude das demandas sobre eles exercidas, que resulta da dinâmica socioeconômica regional.

Na maioria das federações desenvolvidas (exceto os Estados Unidos), as duas questões são abordadas simultaneamente, isto é, as transferências do governo federal para os governos subnacionais que tratam do fechamento da brecha vertical buscam também lidar com o problema das disparidades horizontais. Isso é feito mediante a adoção de critérios de equidade que tratam de reduzir as desigualdades existentes em capacidade de gasto, como no Canadá e na Alemanha, ou de capacidades para prover um mesmo padrão de serviços, como na Austrália.

Isso não se verifica no Brasil. O regime brasileiro de transferências intergovernamentais não se volta para nenhum dos dois objetivos mencionados. Ademais, a base dos fundos constitucionais que tencionam reduzir as disparidades regionais não chega, atualmente, a alcançar, como na Índia, a totalidade das receitas federais e nem prevê mecanismos para ajustamento periódico de montantes e critérios de repartição como se verifica nas demais experiências abordadas no capítulo 2 deste livro. A fórmula adotada na Constituição de 1967 para beneficiar as regiões menos desenvolvidas foi abandonada desde 1989, de modo que inexistem, hoje em dia, objetivos claros a serem alcançados. Urge, portanto, promover uma ampla reforma nesse sistema tendo em conta as seguintes diretrizes:

- a partilha de receitas tributárias deve ter por objetivo promover a equalização da capacidade de gasto de estados e municípios;
- devem ser previstos mecanismos de ajuste periódico no montante a ser partilhado e nas transferências federais a estados e municípios;
- as regras aplicadas à repartição das transferências que se destinam a promover a cooperação intergovernamental em políticas nacionais devem ajustar-se à assimetria de situações;
- partilhas e transferências devem ser desenhadas de modo a estimular a exploração das bases tributárias próprias.

Os componentes principais de um novo modelo

O ajuste vertical

Não existem, no Brasil, regras definidas para promover o ajuste vertical. Só em momentos de ruptura institucional, que se seguem a longos períodos de crise política, é que esse assunto é abordado. Desde a implantação do moderno regime de transferências instituído pela Constituição de 1967, o tema só foi retomado por ocasião da transição para a democracia, nos momentos derradeiros do regime militar. Ademais, e em razão das condições particulares sob as quais o assunto é abordado, os acordos feitos nesses momentos são inscritos em normas constitucionais, tornando o sistema extremamente rígido e incapaz de ajustar-se, periodicamente, a uma mutante realidade.

Apesar da rigidez mencionada e à diferença das principais federações conhecidas, onde existe razoável estabilidade na repartição das receitas tributárias, a dualidade tributária criada pela Constituição de 1988 permitiu que o governo federal brasileiro, por meio do aumento das contribuições sociais, alterasse, significativamente, em seu favor, a repartição vertical de receitas tributárias que decorre do exercício das competências tributárias de cada ente federado.

O dimensionamento da brecha vertical — vale dizer do montante de recursos necessários para promover o ajuste vertical — é uma tarefa ainda mais complexa no caso brasileiro em face dos três níveis que compõem a nossa federação. Para tanto, é necessário avaliar a demanda de recursos financeiros de cada ente federado para exercer de modo satisfatório suas responsabilidades, levando em conta as disparidades econômicas regionais e diferenças nos padrões e nos custos dos serviços prestados. Como o tema não tem sido objeto de maior atenção, inexistem informações e estudos suficientes para lidar adequadamente com essa questão.

A persistência dessa situação é foco permanente de conflitos que prejudicam o bom desempenho da federação. É necessário, portanto, dedicar um esforço especial para evoluir na direção de introduzir parâmetros técnicos nas negociações voltadas para a promoção do ajuste vertical. Para tanto, convém examinar mecanismos semelhantes ao adotado na Índia, onde uma comissão independente que reúne especialistas e representantes de todos os entes federados tem a responsabilidade de desenvolver estudos a respeito e de elaborar recomendações a serem apreciadas pelas instâncias políticas que tomam as devidas decisões.

Adoção de um regime de equalização fiscal

Uma primeira questão a ser respondida consiste em definir o que se pretende equalizar. Como vimos no capítulo 2, um regime de equalização busca igualar as capacidades de gasto dos entes federados em relação às respectivas populações. Isso pode ser feito de modo mais simples, com base apenas no gasto *per capita*, como no Canadá e na Alemanha, ou de modo mais complexo, tendo em conta não apenas o tamanho da população, mas também as diferenças nos custos de provisão dos serviços, como na Austrália, para assegurar um mesmo padrão de oferta desses serviços. Entretanto, se mesmo na Austrália, que reúne um número pequeno de províncias e apresenta relativamente baixa desigualdade, o modelo por eles adotado é alvo de duras críticas em função de dificuldades operacionais, a opção por levar em conta diferenciais de custos não constitui uma alternativa viável para o Brasil.

Adotado o princípio de equalização da capacidade de gasto, outra questão se apresenta. Na operação desse regime deve ser considerada a receita potencial de cada estado ou suas receitas efetivas? O uso da receita potencial é o mais recomendado por motivos óbvios — sua não consideração beneficia aqueles estados que adotarem uma atitude leniente no tocante à cobrança de seus impostos. Entretanto, por envolver grande dificuldade operacional, mesmo onde esse critério é adotado, como no Canadá, o é de forma indireta. De qualquer modo, ainda que as dificuldades operacionais sejam grandes, esse é o caminho a ser seguido pelo Brasil.

Outra questão importante refere-se ao montante de recursos aplicados com essa finalidade, o que obviamente depende da magnitude das desigualdades e do nível que se pretende alcançar com respeito à equalização. Se a pretensão for igualar a receita *per capita* de todos os estados em um contexto de grandes desigualdades regionais, como no Brasil, o modelo de conta em aberto como o aplicado no Canadá é inviável. Nesse caso, a sugestão é operar em sentido inverso: definir o tamanho dos recursos e ver quanto é possível obter em termos de redução das diferenças de capacidade de gasto *per capita*. Dessa forma a adoção de um regime de equalização fiscal no Brasil necessitaria apenas de revisão das bases e dos critérios de repartição dos recursos dos fundos constitucionais.

Nas principais federações conhecidas, a adoção de um regime de equalização fiscal se aplica no plano dos estados, não alcançando o poder local. No caso dos municípios, dados o número de unidades envolvidas e a magnitude das diferenças intermunicipais, é impossível imaginar que um regime dessa natureza possa ser adotado no Brasil de modo uniforme e operado diretamente pelo governo federal. Uma hipótese seria promover uma equalização das receitas municipais no âmbito de cada estado, mediante a combinação de critérios aplicados ao rateio do ICMS e das transferências federais, mas isso requer um detalhado estudo de viabilidade em face da autonomia do poder municipal e da crescente relação direta que os municípios brasileiros mantêm com o governo federal.[14]

A alternativa parece ser a adoção de regras assimétricas, que busquem lidar com as diferenças de capacidade e de responsabilidades dos municípios brasileiros. No entanto, a única assimetria introduzida nas transferências constitucionais a governos municipais, que limitou a 10% a participação das capitais no FPM, opera em sentido inverso ao que seria recomendado por um critério racional. Características demográficas e socioeconômicas indicam que os municípios de maior porte deveriam dispor de maiores recursos *per capita* em função da maior complexidade das demandas que precisam atender e dos maiores custos envolvidos nesse atendimento, mas isso não é o que se verifica hoje em dia, quando se observa a distribuição do tamanho dos orçamentos municipais. A busca de uma mais equilibrada repartição dos recursos fiscais administrados pelos municípios brasileiros começa, portanto, pelo reconhecimento das distorções que as regras atuais encerram.

Claro está que um regime de equalização fiscal não pode ser implementado de uma só vez. Uma mudança dessa envergadura deve ser feita de modo gradativo, em um prazo não inferior a uma década, mediante a reunião dos recursos federais atualmente repassados por meio dos fundos de participação de estados e municípios e das transferências de caráter compensatório relacionadas à não incidência de ICMS nas exportações: FPEX e Lei Kandir.

A adoção de um regime de equalização para os municípios deveria ser objeto de uma segunda etapa, pois implicaria rever as regras aplicadas à participação dos municípios no tributo estadual. Nessa revisão,

---

[14] Regimes de equalização fiscal aplicados a governos locais são encontrados nos países nórdicos. Para informações a respeito, consultar Lotz (1991).

a entrega aos municípios da parte que lhes cabe no imposto estadual obedeceria integralmente ao princípio da derivação, cabendo ao FPM operar a equalização. A base do FPM também seria revista, da mesma forma que a revisão a ser feita no FPE, passando esse fundo a ser composto por um percentual das receitas federais sobre mercadorias e serviços, inicialmente fixado de modo a manter inalterado o tamanho do fundo em proporção do PIB.

Cabe considerar que, além do mérito próprio, a adoção de um regime de equalização deve contribuir para maiores avanços no campo tributário, especialmente no tocante à integração do ISS ao ICMS. A adoção integral da regra de derivação no caso da cota-parte municipal no ICMS faria com que a integração dos serviços ao campo de incidência do ICMS não trouxesse perdas financeiras para os municípios maiores, uma vez que eles teriam o retorno pleno do que for arrecadado sobre a prestação de serviços por meio do tributo estadual (como a alíquota do ISS é cerca de ¼ da alíquota padrão do ICMS, diferenças, se existentes, deveriam ser insignificantes). Ademais, a tributação conjunta de mercadorias e serviços deverá contribuir para o aumento da arrecadação ao fechar brechas à sonegação e facilitar a fiscalização. De outra parte, a implantação gradual de uma regra de equalização no rateio do FPM beneficiaria os pequenos municípios, tanto financeiramente quanto no que diz respeito à previsibilidade e estabilidade de seus orçamentos.

A partir do décimo ano de vigência das novas regras, a base dos fundos de equalização deveria ser revista a cada 10 anos, para que esse regime possa sustentar o equilíbrio federativo em um mundo que passa por um acelerado processo de transformações que repercutem de modo significativo no campo fiscal. Para isso é necessário promover mudanças institucionais para facilitar a administração de conflitos de interesses e viabilizar essa revisão.

Simulações preliminares para avaliar a viabilidade e as vantagens da adoção de um regime de equalização fiscal no Brasil mostram resultados animadores. Conforme estudo conduzido no âmbito do Fórum Fiscal dos Estados Brasileiros,[15] a adoção de um regime em que o mon-

---

[15] Ver Prado et al. (2007).

tante de recursos do fundo de equalização é previamente determinado (conta fechada) e constituído a partir dos recursos hoje destinados ao FPE permite observar o seguinte:

- o impacto distributivo da adoção de um regime de equalização fiscal para repartir os recursos do FPE depende do critério adotado para definir o valor de referência, isto é, do grau de equalização que se pretende alcançar. Como os recursos são predefinidos (a conta é fechada), a opção por alcançar o melhor resultado possível do ponto de vista distributivo implica adotar um valor de referência mais baixo e, portanto, excluir um número maior de estados desse regime (oito estados e o Distrito Federal ficariam de fora nesse caso);
- como a definição do valor de referência deve levar em conta a viabilidade política dessa mudança, uma solução menos radical parece ser preferível. De fato, se adotado um critério no qual o valor de referência é um pouco maior do que o anterior, o efeito distributivo é menos favorável, mas as transferências à conta da equalização fiscal deixariam de fora apenas um número pequeno de estados mais desenvolvidos (três estados — Rio Grande do Sul, São Paulo e Espírito Santo — e o Distrito Federal);
- do ponto de vista da redução das disparidades de capacidade de gasto, qualquer das duas opções daria melhores resultados do que o retorno à fórmula de rateio que vigorava anteriormente à Constituição de 1988.

Com o avanço do processo de implantação desse regime, a verificação de seus resultados criaria condições favoráveis ao aumento dos recursos destinados ao fundo de equalização, de modo a ampliar o alcance e o impacto redistributivo da equalização fiscal.

Promoção da cooperação intergovernamental

A apreciação de mudanças no regime de transferências para promover a cooperação intergovernamental na gestão de políticas nacionais deve abordar cinco das principais deficiências que o regime atual exibe, a saber:

- ênfase na garantia de recursos sem a correspondente preocupação com a obtenção de resultados;
- excessiva rigidez das normas, que dificulta sua adaptação a mudanças cada vez mais rápidas na dinâmica socioeconômica;
- falta de aderência dos critérios de repartição dos recursos financeiros à correspondente repartição das demandas que precisam ser atendidas;
- baixa autonomia no uso dos recursos transferidos;
- fragilidade dos incentivos à cooperação na gestão dos serviços.

A demanda por garantias financeiras, que decorre do clima de desconfiança vigente, se estende a distintas áreas das relações financeiras intergovernamentais e se manifesta por meio de vinculações das receitas obtidas com um determinado tributo ou de percentuais fixos e uniformes dos respectivos orçamentos. Educação e saúde são os exemplos mais importantes dessa prática. Percentuais uniformes das receitas estaduais e municipais a serem obrigatoriamente aplicados nesses setores introduzem severas distorções ao não levarem em conta a necessidade de ajustar a repartição dos recursos à correspondente repartição das demandas. A dificuldade para enfrentar esse problema é demonstrada pela solução adotada na área de educação para corrigi-lo, parcialmente, mediante a instituição do Fundeb. Infelizmente, essa opção não é viável no caso da saúde, onde não existe uma variável, como as matrículas escolares, capaz de operar com precisão um mecanismo paralelo para redistribuir os recursos de modo a ajustá-los à concentração territorial das demandas.

Maior flexibilidade existe no tocante à liberdade para os recipientes aplicarem os recursos recebidos, embora tenha ocorrido um significativo retrocesso a esse respeito em relação ao que havia sido determinado pela Constituição de 1988. Por ela, as transferências de recursos à conta dos fundos constitucionais deveriam estar totalmente livres de qualquer condição com respeito ao uso dos recursos recebidos, com exceção da parcela vinculada à educação nos orçamentos estaduais e municipais. Desde então, novas exigências, como as vinculações à saúde e a adoção do Fundeb, somadas à perda de importância dos fundos de participação no total dos recursos repassados pelo governo federal a estados e municípios, concorreram para limitar a liberdade dos governos subnacionais para dispor dos recursos transferidos.

Os dois primeiros problemas apontados estão intimamente associados. A rigidez das normas decorre da demanda por inscrever as garantias financeiras na Constituição, o que, por seu turno, se origina do clima de desconfiança reinante, tanto no que diz respeito ao orçamento público quanto no tocante às relações fiscais intergovernamentais. Ademais, como as pressões se formam no âmbito de interesses setoriais específicos, as garantias instituídas tratam de cada caso separadamente, ignorando a forte interdependência entre os vários aspectos que concorrem para a reprodução das disparidades sociais.

No tocante ao financiamento de políticas sociais, o ponto de partida para as mudanças deve estar situado na discussão sobre a natureza e a duração das garantias financeiras que se destinam a assegurar que o Estado possa cumprir com as responsabilidades a ele conferidas pela Constituição, com respeito aos direitos sociais assegurados a todos os cidadãos. Parece claro que tanto os estudos internacionais sobre desempenho escolar quanto as notícias recorrentemente veiculadas pela mídia a respeito da precariedade dos serviços de saúde confirmam a ineficácia das garantias vigentes, e isso deve servir de mote para defender a necessidade de alterá-las.

Não se trata de propor sua eliminação, mas sim a sua substituição. Não há um argumento lógico que sustente a proposta de que tais garantias devem ter como referência um percentual das receitas públicas. Se o objetivo é proteger o cidadão, é mais razoável que a referência seja o tamanho da população e não o tamanho do orçamento. Na regra atual, os recursos encolhem em períodos de retração econômica, quando a ação do governo é mais necessária para atender ao aumento da demanda por parte das populações que mais dependem da ação do Estado, o que não ocorreria se a referência fosse a população. De outra parte, num momento de expansão econômica, a regra vigente garante um ajuste automático, mas não protege contra medidas de política fiscal que tratem de reduzir a carga tributária para sustentar a competitividade da economia e preservar seu crescimento.

No caso de estados e municípios, há outra justificativa importante para substituir a atual vinculação das receitas estaduais e municipais à educação e à saúde por valores mínimos *per capita*. Ela se refere à distorção gerada pelo critério vigente com respeito à sua falta de aderência à repartição territorial das demandas, conforme foi anteriormente observado. Além disso, o critério populacional introduz um ajuste automático das garantias de recursos estaduais e municipais ao efeito da dinâmica demográfica. Com a regra vigente, localidades em que a população diminui e envelhece são obrigadas a aplicar 25% em educação e 15% em saúde, quando percentuais opostos talvez fossem mais condizentes com as respectivas necessidades, e vice-versa.

Na mudança sugerida, as garantias de recursos estariam preservadas em um dispositivo constitucional que obrigaria os entes federados a se comprometerem com volumes mínimos de gasto *per capita* definidos em função de metas fixadas em um plano decenal, que seriam revistos a cada 10 anos em função de uma avaliação dos resultados obtidos e de novas metas a serem fixadas para o período subsequente. Dessa forma, o foco da garantia de recursos estaria vinculado ao cidadão e não estaria sujeito ao impacto de conjunturas econômicas adversas sobre o orçamento e nem à manipulação de regras orçamentárias para contorná-las. Num mundo em que as dinâmicas socioeconômicas se processam a uma velocidade crescente e geram efeitos pronunciados, não faz sentido perpetuar um dado regime de garantias, pois o seu resultado será certamente insatisfatório. A instituição do Fundeb, que tem duração definida, ajuda a defender essa tese.

Uma questão que precisa merecer a devida atenção na construção desse novo modelo refere-se ao estabelecimento de compromissos das autoridades públicas com a apresentação de resultados. Não basta garantir as disponibilidades de recursos financeiros e cuidar para que sua repartição esteja em sintonia com a repartição das responsabilidades. É importante que os responsáveis pela aplicação dos recursos façam bom uso deles e respondam perante seus cidadãos pelos resultados de suas ações, o que contribui para o fortalecimento da democracia ao mesmo tempo que reforça a possibilidade de a sociedade civil se organizar para defender seus direitos.

A sugestão para reduzir disparidades entre a repartição dos recursos e a correspondente repartição das demandas, assim como para introduzir compromissos com a geração de resultados, consiste em combinar as duas modalidades de transferências voltadas para o financiamento de políticas nacionais abordadas no segundo capítulo deste livro: as feitas unilateralmente pelo governo federal (*non matching grants*) e as realizadas mediante uma contrapartida do governo federal a recursos aplicados por governos subnacionais nos programas prioritários (*matching grants*).

A combinação dessas duas modalidades abriria maior espaço para lidar com as disparidades regionais e com os problemas decorrentes de uma federação de três níveis como a brasileira. Assim, as transferências unilaterais seriam direcionadas preferencialmente para o objetivo de obter um padrão mínimo uniforme na prestação dos serviços básicos de educação e de saúde e, nesse caso, o critério *per capita* (matrículas ou população total, adotados na educação e na saúde, respectivamente) poderia ser preservado.

Já as contrapartidas federais estariam voltadas para incentivar a cooperação e a adoção de compromissos com a obtenção de resultados. Nesse caso, as contrapartidas levariam em conta os recursos próprios que cada ente federado se dispuser a aplicar em cada setor, além daqueles destinados às ações básicas, e os respectivos compromissos assumidos com o cumprimento de metas estabelecidas em um plano estratégico setorial. As contrapartidas federais deveriam variar em função da capacidade econômica de cada ente para evitar a iniquidade decorrente dos diferenciais de capacidade financeira.

Uma questão que merece ser mais bem avaliada trata da necessidade de assegurar a cooperação intergovernamental na gestão territorial das políticas em questão. Com maior importância na saúde, mas também relevante na educação, essa é uma preocupação fundamental em uma reforma dos mecanismos de cooperação financeira que tenha em mira aumentar a eficiência e eficácia da ação governamental.

Uma sugestão a respeito consiste em estabelecer dois níveis de contrapartidas federais a recursos próprios alocados por estados e municípios ao setor. Num primeiro nível as contrapartidas seriam feitas individualmente e tratariam principalmente do financiamento da prestação de serviços não abrangidos pelas ações básicas. Num segundo, as contrapartidas abordariam iniciativas de caráter coletivo, objeto de acordos entre os estados e municípios, voltadas para a melhoria do atendimento, tanto aquelas que envolvem investimento na rede física quanto as voltadas para a qualificação dos recursos humanos e a melhoria da gestão.

O desenho da transição

O pressuposto básico a ser adotado na transição para um novo modelo de transferências é que ela não pode comprometer o atendimento das metas estabelecidas para o ajuste fiscal macroeconômico. Isso significa que alterações mais profundas nas regras vigentes deverão resultar da migração gradual para um novo regime de transferências composto por dois fundos. Um estaria voltado para promover a equalização fiscal e o outro para a cooperação intergovernamental no campo das políticas sociais.

O fundo de equalização fiscal absorveria os recursos hoje destinados ao FPE e à compensação aos estados pela não incidência do ICMS nas exportações de produtos agrícolas, manufaturados e semimanufaturados (FPEX e Lei Kandir). A implementação desse fundo se faria mediante o gradual aumento da parcela desses recursos que passaria a ser repartida de acordo com os objetivos da equalização fiscal. Se a transição for feita em um prazo de 10 anos, no primeiro ano 10% dos recursos obedeceriam a essa nova regra e o restante continuaria sendo repassado pelas regras existentes. Nos anos seguintes a proporção repartida consoante o critério de equalização seria aumentada a um ritmo equivalente, de tal forma que a mudança para a nova regra se completaria ao final do décimo ano. Completado esse período, a base dos fundos de equalização passaria a ser revista a cada 10 anos para ajustar o fundo às necessidades da equalização fiscal, de acordo com as diretrizes de um novo modelo de federalismo fiscal.

A implementação do fundo de equalização dispensaria a necessidade de ter um regime próprio para compensar a não incidência do imposto estadual nas exportações, pois, não estando as exportações na base tributária dos estados, a equalização fiscal incorporaria automaticamente essa compensação.

Conforme mencionado anteriormente, a aplicação de um regime de equalização fiscal para os municípios carece de melhor avaliação. No entanto, é necessário tomar providências para corrigir as enormes disparidades de capacidade de gasto entre os municípios brasileiros, que resultam da ausência de compatibilidade das regras que comandam a repartição entre eles da cota-parte do ICMS e do FPM, problema que afeta particularmente as grandes metrópoles. Uma hipótese aventada no capítulo anterior é promover a entrega aos municípios da parte que lhes cabe no ICMS segundo o princípio da derivação, cabendo ao FPM operar a equalização.

Com respeito à cooperação financeira no campo das políticas sociais, as mudanças a serem feitas nos regimes vigentes devem contemplar as questões abordadas nos itens anteriores, com respeito à flexibilidade na definição dos recursos, à adoção de compromissos com resultados, ao estímulo à articulação das ações a cargo de estados e municípios, e à introdução de assimetrias nas regras de acesso de estados e municípios aos recursos a serem transferidos com essa finalidade.

Como as medidas recentemente adotadas na área da educação incorporam, parcialmente, essas preocupações, é na área da saúde que se concentra o principal desafio. A substituição da vinculação dos gastos federais ao PIB pelo estabelecimento de um mínimo *per capita* pode se beneficiar das críticas que vêm sendo feitas ao critério atual e de anunciadas intenções de mudança. Nesse caso, a desejável flexibilidade poderia ser objeto de uma legislação específica que aprovaria um plano decenal para o setor, contendo as metas a serem alcançadas, as contrapartidas estaduais e municipais, e os mecanismos a serem acionados para promover a cooperação financeira e gerencial na federação.

O ritmo em que as mudanças nos instrumentos e nos critérios aplicados ao financiamento das políticas sociais poderão avançar dependerá da evolução dos debates sobre a questão das garantias. Dada a insatisfação com os resultados de quase duas décadas de vigência das regras adotadas em 1988, espelhada no baixo desempenho dos estudantes brasileiros em estudos comparativos internacionais e nas reiteradas críticas à qualidade dos serviços de saúde pública, é provável que as dificuldades para avançar sejam menores do que as imaginadas.

• 5 •

Estratégias e instrumentos de uma nova política de desenvolvimento regional

As profundas transformações nos cenários internacional e doméstico ao longo da última década não foram acompanhadas das necessárias mudanças na estratégia e na política regional. A abertura da economia, a globalização financeira, a privatização das empresas estatais, a descentralização fiscal, a transformação nas relações de trabalho, a crescente preocupação com a questão ambiental alteraram, em profundidade, as bases sobre as quais se assentavam a estratégia e os instrumentos desenhados no passado para promover o desenvolvimento das regiões Norte e Nordeste, bem como a ocupação do Centro-Oeste, mas dúvidas e incertezas têm impedido o avanço de sugestões voltadas para a adaptação da política regional à nova realidade.

Concebidos em um contexto distinto, os instrumentos da política regional perderam funcionalidade. Ainda que de forma não explícita, os incentivos ao investimento, apoiados na renúncia fiscal do imposto de renda (aporte de capital e desoneração do lucro), buscavam reproduzir no plano regional a mesma estratégia de substituição de importações que presidiu a industrialização brasileira até o final dos anos 1970, apoiada na proteção oferecida pelas distâncias dos principais centros produtores do sul do país, que abria espaço para o atendimento do mercado regional com a produção local estimulada pelos incentivos fiscais.

A Constituição de 1988 deu um passo adiante ao recriar os fundos de investimento regional (Fundo Constitucional de Financiamento do

Norte — FNO — e Fundo Constitucional de Financiamento do Nordeste — FNE) com base no aporte de receita federal, mas a regulamentação desses fundos manteve-os prisioneiros da mesma lógica aplicada à política de incentivos, sem promover a necessária coordenação. Os empréstimos concedidos com recursos do FNO e do FNE, orientados principalmente para pequenas e médias empresas, mantinham o foco no mercado regional, distribuindo-se em um grande número de empreendimentos espalhados pelo vasto território dessas regiões. A oportunidade de aumentar as chances de bons resultados pela combinação de aporte de capital, via recursos dos incentivos fiscais, e crédito favorecido, via fundos constitucionais, para aumentar a viabilidade dos empreendimentos, foi abandonada em nome de uma presumível maior democratização do acesso aos recursos transferidos para a região.[16] Não por acaso, a taxa de mortalidade dos projetos apoiados por ambos os fundos é muito elevada.

O capital transferido para o Nordeste e a Amazônia, por meio dos incentivos do imposto de renda pessoa jurídica (IRPJ), trouxe inegáveis benefícios para essas regiões, mas a preservação do vínculo com o suposto proprietário — o contribuinte que reduziu o imposto sobre o lucro ao optar pelo depósito no Finor ou no Finam — limitou as possibilidades de multiplicação desses benefícios. Como a isenção do imposto sobre o lucro realizado nessas regiões, inicialmente estabelecida em 10 anos, foi sendo sucessivamente estendida, boa parte do capital transferido foi posteriormente repatriada para as regiões de origem, mediante distribuição ou incorporação às matrizes das filiais regionais. Se tivesse sido estabelecida a obrigatoriedade de reaplicação dos lucros nas regiões beneficiadas, os resultados teriam sido muito mais expressivos.

Enquanto perdurou a proteção que a geografia e a deficiência dos meios de transporte e comunicações asseguravam a empreendimentos

---

[16] Como os recursos do Fundo de Investimentos do Nordeste (Finor) e do Fundo de Investimentos da Amazônia (Finam) provinham de depósitos efetuados por contribuintes do IRPJ, que detinham a titularidade dos recursos aportados ao fundo, o acesso a eles ficava restrito a sociedades de capital aberto, não alcançando as pequenas e médias empresas. Para essas ficariam direcionados, portanto, os recursos do FNO e do FNE.

orientados para o atendimento do mercado regional, o aporte de capital e o crédito favorecido para a instalação ou ampliação de empreendimentos industriais ou agropecuários poderiam gerar projetos viáveis, ainda que de dimensões limitadas. À medida que as barreiras à entrada iam sendo removidas, o modelo ia revelando suas limitações. A simples melhoria das vias de acesso terrestre já acarretou alta mortandade de projetos instalados. Com o avanço das comunicações, a padronização dos hábitos de consumo aumentou a preferência dos consumidores locais por produtos do sul, ampliando a abertura do mercado regional. Mais recentemente, a abertura da economia brasileira e a internacionalização dos mercados sepultaram as esperanças de atender aos anseios regionais com alterações marginais na política vigente.

Nesse novo contexto, as relações das economias menos desenvolvidas com o exterior tendem a aumentar rapidamente. Os investimentos na infraestrutura de transportes ampliam as possibilidades de escoamento da produção regional para os mercados do hemisfério norte, ao mesmo tempo que facilitam a importação de máquinas e de insumos importantes para a modernização das empresas e o aumento de sua competitividade. Enquanto o desenvolvimento apoiado na substituição de importações exigiu a integração do mercado doméstico, a liberalização dos fluxos financeiros e comerciais abre espaço a um maior intercâmbio com os países vizinhos, e mesmo com os mercados do Atlântico Norte, enfraquecendo os incentivos à cooperação inter-regional.

A abertura e a globalização criam novos focos de tensão que tendem a acirrar os antagonismos, gerando embaraços à cooperação. Esses focos se manifestam:

- na necessidade de serem impostos controles mais rigorosos sobre a gestão administrativa e financeira de estados e municípios e nas reações que ambos oferecem ao cerceamento de suas autonomias;
- na demanda de estados e municípios por compensações de perdas sofridas em decorrência de decisões adotadas pelo governo federal;
- no enfraquecimento dos laços de solidariedade nacional provocado pelas novas oportunidades de comércio com países vizinhos;
- na escalada da guerra fiscal.

Na era da economia do conhecimento, a atração de investimentos requer muito mais do que a concessão de benefícios fiscais. Um ambiente favorável aos negócios (a qualidade dos serviços públicos, a segurança jurídica e a qualidade da regulação), uma infraestrutura moderna, recursos humanos qualificados e uma forte base de apoio ao desenvolvimento tecnológico e à inovação assumem importância crescente. Ademais, ainda que a concessão de generosas vantagens fiscais possa trazer benefícios imediatos, no médio e longo prazos as facilidades hoje existentes para deslocar unidades produtivas em decorrência de melhores condições para a competitividade na economia global recomendam maior atenção aos fatores que concorrem para a consolidação dos investimentos e a multiplicação de seus efeitos na economia regional.

A globalização e a abertura apresentam, portanto, desafios importantes para as regiões menos desenvolvidas, mas oferecem, ao mesmo tempo, novas oportunidades. Os desafios estão representados pela busca simultânea de três objetivos: desenvolver uma economia competitiva, reduzir as desigualdades internas e preservar o equilíbrio ambiental. As oportunidades são reveladas pela riqueza dos recursos naturais, pelos avanços já alcançados e pela importância estratégica na economia global. A superação dos desafios e o aproveitamento das oportunidades requerem uma urgente revisão das estratégias e das políticas governamentais e uma nova atitude empresarial com respeito a decisões de investimento nessas regiões.

Nessa nova estratégia, o antagonismo, que frequentemente se manifesta sob a forma de concessão individual de incentivos fiscais para a atração de indústrias, deve ceder espaço para a adoção de políticas ativas de atração de atividades econômicas modernas, conduzidas pelo governo federal, por meio de programas de investimento na infraestrutura, nos serviços urbanos, na modernização tecnológica e na formação de recursos humanos, além da atenção prioritária à melhoria do ensino básico e da assistência médico-hospitalar. A indispensável cooperação intergovernamental fortalecerá a coesão nacional, evitando os riscos da desagregação.

Também importante no desenho de uma nova estratégia é a percepção de uma nova realidade territorial. Nas últimas décadas, a grande expansão das fronteiras agropecuária e mineral, o processo de desconcentração industrial, a melhoria da infraestrutura (transportes, energia elétrica, telecomunicações), os efeitos da mudança da capital para Brasília e o sistema de incentivos ao desenvolvimento regional promoveram grande diversificação produtiva e territorial no país. Embora as regiões Sudeste e Sul mantenham o maior parque industrial e a mais diversificada e integrada rede urbana, estão surgindo várias áreas modernas e dinâmicas dentro das regiões Nordeste, Norte e Centro-Oeste do país.

O resultado é um novo e diversificado mapa populacional e produtivo do país, onde já não se pode caracterizar a nítida divisão do trabalho entre o litoral e o interior e nem entre as macrorregiões, mas sim a formação de um grande número de áreas produtivas dinâmicas e modernas, em setores diversificados, caracterizando um Brasil fragmentado ou vários Brasis. A essas novas tendências produtivas se combinam novas dinâmicas territoriais da população e da formação da rede urbana e das metrópoles, indicando que está em curso uma nítida mudança no padrão territorial do país.[17] Nesse contexto, urge abandonar soluções adotadas no passado e adotar uma nova estratégia de desenvolvimento regional.

Fundamentos de uma nova estratégia regional e limitações à sua adoção

O elemento central de uma nova estratégia é a competitividade. Pelas razões já apontadas, projetos que não têm condições de sobreviver, sem uma forte dose de subsídios e incentivos após ter sido ultrapassado o período de implantação, não devem constar da lista de prioridades para o recebimento de apoio governamental. Daí a importância de pôr foco no mercado internacional. Ele é importante não apenas para aumentar o dinamismo da região, mas também para incutir a preocupação com a competitividade dos projetos nas decisões relativas ao seu financiamento. No mercado global, a capacidade de sobreviver nos mercados regio-

---

[17] Ver Campolina (2005).

nal e doméstico fica intimamente associada à capacidade de competir nos mercados externos. Por seu turno, a capacidade de competir não deriva apenas de a empresa, isoladamente, ser eficiente, mas também das condições sob as quais ela opera. Daí a importância de substituir a tradicional análise individual de projetos por uma visão de conjunto, que contemple iniciativas complementares, e onde a reunião de vários empreendimentos em um só projeto torna viável aquilo que individualmente não alcançaria condições ideais de sobrevivência.

A seleção de um conjunto de projetos, em substituição à escolha individual que predominou até agora, obedece à moderna versão do *cluster*, um aglomerado de empreendimentos que pertencem a uma mesma cadeia produtiva, abrangendo não apenas o espaço tradicional dos complexos industriais, mas estendendo-se também à logística de transporte, distribuição, publicidade e comercialização. O *cluster* tem um foco no espaço, mas não exclusivamente. Dependendo da facilidade de deslocamento de mercadorias e serviços, seu alcance pode estender-se por um espaço ampliado, não representando, portanto, uma opção por maior concentração intrarregional da renda e da produção.

A disponibilidade e qualidade da infraestrutura são fundamentais para que as novas oportunidades do desenvolvimento regional sejam bem-aproveitadas. Se as bases sobre as quais se assenta a produção são frágeis, a possibilidade de alcançar a necessária competitividade é remota. Com a privatização das estatais e a descentralização fiscal, a capacidade de o Estado brasileiro realizar investimentos em infraestrutura nas regiões onde essas carências são acentuadas está bastante reduzida. Com o acesso a empréstimos externos submetido a fortes pressões ambientalistas, e as possibilidades de investimento privado limitadas a casos onde as chances de retorno são imediatas, a questão do financiamento público para a infraestrutura regional precisa ser urgentemente repensada.

A viabilidade financeira dos investimentos em infraestrutura depende de uma composição de fontes fiscais e financeiras capaz de reunir os recursos necessários e de compatibilizar os custos do investimento com o retorno esperado dos projetos. Isso requer substituir a fragmentação que caracteriza a situação vigente por uma estratégia bem-concebida de articulação. Nessa estratégia, a atuação dos organismos financeiros oficiais, o BNDES principalmente, bem como a concessão de aval do Tesouro nacional para empréstimos externos, poderia orientar-se pela elaboração de engenharias financeiras, envolvendo os fundos regionais e capitais privados, de modo a avançar mais rapidamente na implementação de projetos de importância estratégica para as regiões menos desenvolvidas.

Todas essas mudanças precisam estar devidamente explicadas para que a resistência apontada não resulte em imobilismo ou em modificações tópicas na legislação em vigor. O reconhecimento de que é preciso mudar tem sido expressamente manifestado em inúmeros debates que têm sido promovidos nas regiões e fora delas. Apesar disso, ainda estamos longe de um amplo entendimento sobre a profundidade e o alcance das mudanças que precisam ser efetuadas.

Na implementação de uma nova estratégia, é importante devolver ao poder público o controle sobre as decisões de concessão de apoio financeiro a investimentos voltados para a promoção do desenvolvimento regional, de modo a evitar a fragmentação que acarreta um enorme desperdício. Dessa forma torna-se viável submeter o apoio financeiro a um planejamento estratégico regional, permitindo concentrar os escassos recursos disponíveis em aplicações que apresentem um maior potencial de multiplicação de seus benefícios e de ampliação do valor adicionado localmente.

A concentração dos recursos, em oposição à fragmentação que se verifica atualmente, não significa uma perspectiva de aumento das desigualdades intrarregionais. Na verdade, essas desigualdades cresceram no passado, apesar do esforço feito nos últimos anos para assegurar uma distribuição mais equitativa mediante pulverização dos recursos fiscais e financeiros ali aplicados. A tentativa de evitar a ampliação das desigualdades pela dispersão dos recursos acabou por revelar-se infrutífera, uma vez que a ausência de escala, a defasagem tecnológica e a dificuldade de acesso a mercados concorrem para a observância de uma elevada mortalidade dos projetos que usufruem do apoio governamental.

Ao contrário do que possa parecer, a escolha das principais apostas sub-regionais e a reunião das várias fontes financeiras, para viabilizar um conjunto de projetos complementares, devem provocar um resultado mais favorável, do ponto de vista do equilíbrio regional, do que a dispersão que vem sendo praticada. Para que isso aconteça, é importante que a escolha das prioridades esteja assentada em uma criteriosa avaliação das potencialidades e do que precisa ser feito para aproveitá-las. Nessa escolha, um "projeto âncora" deve, ao mesmo tempo, abrir espaço para o desenvolvimento de atividades complementares e beneficiar-se das parcerias com pequenos e médios negócios, que com ele podem manter relações comerciais ou de prestação de serviços.

A viabilidade dos *clusters* selecionados não depende apenas do apoio financeiro. Outras importantes ações governamentais devem fazer parte de um pacote de estímulos ao desenvolvimento regional, na perspectiva contemplada. Programas de geração de emprego e renda, de formação e qualificação profissional, de assistência à agricultura familiar, de fomento à pequena e microempresa, bem como as ações a cargo dos governos estaduais e municipais, se articuladas aos incentivos fiscais e financeiros, aumentarão em muito o impacto dos empreendimentos selecionados nas economias regionais.

A articulação das várias ações empreendidas pelos poderes públicos — federal, estadual e municipal — é fundamental para conciliar a concentração dos investimentos em empreendimentos pré-selecionados — os *clusters* sub-regionais — com a difusão dos benefícios dessa estratégia em todo o território regional. Parte das atividades integrantes dos *clusters* não precisa estar junto ao seu núcleo central, aí incluídas as que compõem as logísticas de transporte, distribuição e comercialização, bem como as de pesquisa e desenvolvimento tecnológicos. A localização dos centros de formação e qualificação profissional e de empresas voltadas para o fornecimento de mercadorias para consumo dos estabelecimentos e de seus empregados (alimentos, vestuário, transporte etc.) também estende o alcance geográfico dos benefícios gerados pelos *clusters*, em alguns casos para além das fronteiras estaduais.

Um exemplo ajuda a compreensão do que está sendo proposto. Considere a possibilidade de formação de um *cluster* centrado na indústria moveleira. A montante do núcleo central estarão a extração, o beneficiamento e o transporte da madeira, o reflorestamento e o manejo florestal; a jusante encontraremos as atividades de comercialização dos produtos, envolvendo a distribuição, a publicidade e a exportação; acima, no sentido de representarem condições essenciais para a competitividade, estarão o design, a qualificação profissional e o apoio tecnológico; abaixo, indicando possibilidades de aproveitamento de resíduos, poderão desenvolver-se o recolhimento de aparas para transformação em matéria-prima para a produção de prensados ou de papel.

Outro exemplo pode ser fornecido por um *cluster* centrado na produção de frutas tropicais. A montante encontraremos a atividade agrícola propriamente dita e suas necessidades de insumos e de equipamentos; a jusante reúnem-se o armazenamento, o transporte e a comercialização, incluindo as atividades de publicidade e marketing; acima, a pesquisa tecnológica, a qualificação profissional e a modernização gerencial dão o suporte indispensável à obtenção de padrões internacionais de competitividade; partes dos resíduos não aproveitáveis para consumo humano poderão constituir fonte importante de alimentos para a pequena produção animal.

A irradiação dos benefícios de um determinado *cluster* pode alcançar um amplo espaço regional. Atividades mais sofisticadas, que demandam recursos humanos qualificados e proximidade de centros universitários, institutos tecnológicos e instituições financeiras, como as ligadas ao design, à comercialização e à exportação, bem como centros de desenvolvimento e pesquisa e unidades de formação e qualificação de mão de obra, poderão desenvolver-se em capitais regionais e fornecer a assistência necessária para o desempenho dos complexos produtivos distribuídos em espaços estratégicos para a economia regional. Já boa parte da matéria-prima pode ser originária do próprio estado ou de estados vizinhos.

Reunir para desconcentrar. A irradiação dos benefícios econômicos atende a outro componente importante da estratégia de desenvolvimento regional, contribuindo para reduzir as disparidades intrarregião e aliviando as pressões que uma acelerada urbanização provoca com respeito à deterioração da qualidade de vida nas grandes cidades. Um melhor equilíbrio na repartição espacial dos frutos do crescimento também concorre positivamente para reduzir as desigualdades sociais.

Estas também devem sofrer o impacto positivo da prioridade atribuída à educação como elemento indispensável ao alcance e sustentação de condições mínimas de competitividade.

É desnecessário enfatizar que a estratégia econômica tem que levar em conta as restrições ambientais, principalmente na Amazônia, onde o problema da preservação do meio ambiente é objeto de atenção mundial. Isso não significa, entretanto, adotar posições extremas, incompatíveis com os interesses nacionais e os anseios de progresso dos habitantes da região. Na medida em que as atenções estejam voltadas para o aproveitamento das principais vocações de desenvolvimento regional, fica mais fácil estabelecer regras e procedimentos que deem à utilização econômica da base natural de recursos condições de contribuir para a sustentação ambiental, mediante incorporação de tecnologias de preservação e contribuições financeiras para campanhas de esclarecimento e reforço das atividades de fiscalização.

A principal limitação a ser enfrentada na luta por uma revisão na estratégia e nos instrumentos do desenvolvimento regional está na superação dos antagonismos. Entre os que defendem a extinção pura e simples dos incentivos fiscais, baseados em recorrentes denúncias de seus vícios — entre os quais se destacam a ineficiência, o clientelismo e a corrupção — e os que sequer admitem discutir o assunto, cava-se um profundo fosso de ressentimentos. Embora as avaliações que se fizeram sobre os incentivos indiquem uma dose razoável de ineficiência e desperdício, é impossível afirmar que esses mesmos vícios sejam significativamente maiores quando comparados com o que tem sido observado em outras políticas governamentais. Além disso, a análise microeconômica dos projetos incentivados não revela o real impacto dos incentivos na economia regional. Mesmo não sendo plenamente eficientes, é certo que o dinamismo que as regiões nordestina e amazônica apresentaram, no período em que esses incentivos federais foram mais importantes, foi fortemente influenciado pelos investimentos apoiados na renúncia fiscal. O mesmo pode ser dito a respeito do impacto dos incentivos estaduais no tocante aos benefícios internalizados pelas respectivas economias.

Ao radicalismo dos que defendem a extinção dos incentivos contrapõe-se a intransigência dos que não admitem conversar a respeito. Escaldados por sucessivas mudanças, que acarretaram o esvaziamento dos incentivos, os interesses regionais se recusam a discutir novas mudanças sem que haja definições claras sobre o seu conteúdo e abrangência. A perspectiva de alterar os incentivos vigentes sem uma predefinição de alternativas não se afigura agradável para aqueles que reconhecem a necessidade de ser mantido um forte apoio governamental ao esforço de promoção do desenvolvimento regional.

Além do desarmamento dos espíritos, é preciso enfrentar outros aspectos que envolvem uma razoável controvérsia. Entre esses, destacam-se:

- a necessidade de substituir a fragmentação financeira, que compromete a eficácia e a eficiência das operações de apoio a empreendimentos regionais, por uma proposta de reunião dos recursos existentes, de modo a aumentar o impacto da aplicação desses recursos e viabilizar, pela conjugação de fontes com custos de captação distintos, o ingresso de novos recursos e uma forte presença de outras instituições financeiras federais, principalmente o BNDES, nos projetos de desenvolvimento regional;
- a importância de direcionar uma parcela significativa dos recursos federais aplicados na promoção do desenvolvimento regional em projetos capazes de gerar o ambiente indispensável para o adequado aproveitamento das oportunidades regionais de desenvolvimento, com particular destaque para a expansão e modernização da infraestrutura, a modernização tecnológica e o aperfeiçoamento gerencial;
- a necessidade de avançar rapidamente na direção de gerar empreendimentos capazes de exibir padrões de competitividade compatíveis com as possibilidades de aumentar a presença de produtos regionais na pauta de exportações do país, assegurando, ao mesmo tempo, as condições indispensáveis para a sobrevivência nos mercados doméstico e regional.

Os três elementos apresentados: reunião dos recursos financeiros, prioridade para investimentos voltados para a geração de um ambiente competitivo e foco no mercado internacional são importantes para dar viabilidade à recomendação de apoio à formação de complexos produtivos e *clusters* regionais. Nessa perspectiva, a atuação dos demais organismos financeiros federais, o BNDES principalmente, bem como a concessão de aval do Tesouro nacional para empréstimos externos, poderia orientar-se pela elaboração de engenharias financeiras, envolvendo os novos fundos regionais e capitais privados, de modo a avançar mais rapidamente na implementação de projetos de importância estratégica para as regiões menos desenvolvidas.

Diretrizes e instrumentos de um novo modelo de política regional

As seguintes diretrizes devem estar contempladas no desenho do novo modelo:

- estabelecer um comando único sobre os recursos públicos voltados para o desenvolvimento de cada região — incentivos fiscais federais, fundos constitucionais de investimento e recursos orçamentários;
- atrair maiores recursos para o financiamento de projetos regionais (BNDES, Serviço de Apoio às Micro e Pequenas Empresas — Sebrae, recursos externos) e buscar novas fontes de financiamento;
- reduzir o custo financeiro dos projetos mediante aglutinação de fontes distintas: incentivos, fundo constitucional, fontes orçamentárias e outras operações de crédito;
- direcionar o uso dos recursos para viabilizar a estratégia de consolidação de *clusters* produtivos orientados para o aproveitamento das vocações regionais;
- criar condições para o atendimento das necessidades de investimento na infraestrutura, na pesquisa e desenvolvimento tecnológicos, e na formação e aperfeiçoamento dos recursos humanos;
- controlar o uso dos recursos públicos para direcioná-los no sentido do atendimento das prioridades estabelecidas em um plano de desenvolvimento regional;
- permitir a gestão descentralizada dos recursos, por meio de agentes financeiros credenciados e/ou agências estaduais de desenvolvimento, estimulando o aporte de contrapartidas e a formação de parcerias com os governos estaduais;

- introduzir maior flexibilidade no uso dos recursos para evitar padronizações que impedem uma melhor adaptação a distintas realidades regionais;
- gerar uma ação proativa, mediante identificação das melhores oportunidades de investimento, elaboração de estudos de pré-viabilidade econômica, preparação de carteiras de projetos, montagem de engenharias financeiras e promoção das oportunidades regionais no Brasil e no exterior;
- aumentar o índice de sobrevivência de pequenas e médias empresas, com base em maior estreitamento das relações comerciais e financeiras dessas empresas com as atividades que devem comandar a estratégia de aproveitamento das vocações naturais de desenvolvimento das regiões.

Para tanto, é necessário redesenhar os instrumentos financeiros de modo a combinar incentivos fiscais dirigidos à capitalização de empreendimentos regionais, crédito aos investimentos e à produção, e aplicações a fundo perdido apoiadas em recursos orçamentários. Nesse redesenho deve haver uma preocupação simultânea com a gestão eficiente e responsável dos recursos e com a devolução ao poder público do controle sobre as decisões estratégicas que devem orientar a sua aplicação. Sugestões a esse respeito são apresentadas a seguir.

O fundo de capitalização

Com a adoção do IVA dual, a contribuição social sobre o lucro líquido (CSSL) deve ser incorporada ao IRPJ, permitindo que a política federal de estímulo ao investimento em regiões menos desenvolvidas, mediante concessão de incentivos fiscais, seja revista, tanto no que diz respeito à sua natureza quanto na forma em que os incentivos são concedidos e administrados.

A substituição dos antigos fundos regionais (Finam e Finor) por fundos formados com o aporte de recursos orçamentários, que se seguiu à extinção das antigas superintendências de desenvolvimento, corrigiu uma das distorções do sistema então vigente, mas a alternativa adotada não trouxe benefícios visíveis. A gestão dos recursos preservou a mesma lógica do passado, sem qualquer iniciativa de vulto para aumentar a eficiência e a eficácia dos investimentos financiados com os novos fundos regionais.

De outra parte, com a substituição da opção dos empresários por transferir capital para as regiões menos desenvolvidas pelo aporte de recursos orçamentários, duas características importantes do regime anterior foram perdidas: a menor interferência do governo sobre o montante dos recursos a serem investidos, que passou a ficar condicionado às disponibilidades do orçamento, e a possibilidade de o setor privado ampliar seu interesse na gestão dos recursos transferidos. Com a recriação da Superintendência de Desenvolvimento do Nordeste (Sudene) e da Superintendência de Desenvolvimento da Amazônia (Sudam), a oportunidade de rever a decisão adotada em 2001 não deve ser perdida.

O principal vício do modelo anterior estava no fato de que o empresário que optasse pelo desconto do IR para aplicação nos fundos regionais preservava a titularidade dos recursos correspondentes à renúncia fiscal do IRPJ, com o que a iniciativa do projeto escapava ao órgão regional, que detinha apenas a competência para aprovar ou não os pleitos apresentados. Assim, com algumas exceções importantes, o interesse das empresas que efetuavam as opções em tela pelos projetos que delas se beneficiavam era bastante reduzido. Quem dispunha de valores elevados buscava a melhor oferta, em leilões informais, para transformar sua opção em dinheiro e quem dispunha dos certificados de aplicação ficava feliz em poder reaver parte, ainda que pequena, do valor nominal desse título.

Na recomposição dos incentivos à capitalização de empresas regionais, a opção por deduzir do IRPJ os depósitos feitos nos fundos regionais seria restabelecida, mas o vínculo dos fundos formados com esse incentivo com os seus optantes seria rompido, de modo a transferir para o poder público o controle sobre a utilização dos recursos desses fundos e criar a possibilidade de gerenciar os incentivos fiscais de forma integrada com os demais instrumentos financeiros controlados pelo governo federal.

A mudança sugerida consiste em transferir para os trabalhadores a titularidade das opções de recolhimento de parte do imposto de renda devido pelas empresas aos fundos do Nordeste e da Amazônia, dando a esses fundos o caráter de um PIS regional. Assim, o dinheiro recolhido pelas empresas a esses fundos seria atribuído a seus trabalhadores e transformado em cotas de participação, que formariam um pecúlio a ser sacado em caso de morte, invalidez ou aposentadoria. Os recursos desses novos fundos ficariam sob a guarda da Sudene e da Sudam e seriam utilizados para a capitalização dos empreendimentos selecionados com base no critério de promoção de um melhor aproveitamento das vocações regionais.

A adoção do PIS regional apresentaria vantagens importantes em relação à situação preexistente, entre as quais vale a pena destacar:

- a utilização simultânea da renúncia fiscal como fator de redistribuição regional e pessoal da renda;
- a transformação da renúncia fiscal do IRPJ em benefício para os trabalhadores e em instrumento importante da política de recursos humanos das empresas;
- o aumento dos recursos destinados ao desenvolvimento regional, com a regularização do recolhimento aos fundos e a extensão do direito de opção às empresas enquadradas no regime do lucro presumido;
- o estabelecimento de regras para o controle social das aplicações do fundo com a participação dos trabalhadores no órgão gestor (modelo do Fundo de Amparo ao Trabalhador — FAT);
- a devolução ao poder público do controle sobre o uso dos recursos da renúncia fiscal destinados à redução das desigualdades regionais.

Uma questão a ser examinada é a que se refere ao interesse do empresário em realizar a opção nas novas condições sugeridas. Creio que isso se resolve pela inclusão do tema na pauta das negociações trabalhistas e na agenda dos sindicatos, os quais substituiriam os intermediários que agenciam essas opções na tarefa de convencimento dos empresários, com respeito às vantagens de utilizar parte do imposto de renda devido em benefício de seus empregados. Ademais, como a proposta implica extensão do direito de opção às empresas que pagam o imposto com base no lucro presumido — para não criar uma odiosa discriminação entre duas categorias de trabalhadores, conforme o respectivo vínculo de emprego —, a ampliação da base em que se sustenta essa renúncia fiscal redundaria em razoável incremento nas transferências de recursos para as regiões beneficiadas. Claro que é indispensável que os novos fundos sejam gerenciados de forma a garantir uma rentabilidade adequada, no médio e longo prazos, para evitar que os trabalhadores venham, futuramente, a perder interesse em fiscalizar o cumprimento das opções.

O novo fundo manteria a característica de um fundo de capitalização, isto é, os recursos serão aplicados sob a forma de subscrição de ações em projetos constantes de uma carteira de projetos prioritários para a região. Tendo em vista que as condições para saque das cotas dos trabalhadores nos fundos seriam bastante restritivas, não é necessário que o novo fundo apresente, em curto prazo, uma carteira de ações valorizadas. O importante é sustentar a necessidade de manter, ao longo do tempo, uma atitude responsável na seleção dos empreendimentos a serem beneficiados com os recursos do fundo, conforme mencionado anteriormente, de modo a que o valor das ações venha a refletir um patrimônio sadio do conjunto de empresas que se implantarem ou modernizarem com base no apoio recebido. Isso requer mudanças na gestão dos fundos, a serem comentadas adiante.

O crédito público

A principal fonte de recursos públicos para os investimentos regionais é, hoje, a constituída pelos fundos constitucionais. Outras instituições, como o BNDES, o Banco do Brasil, a CEF e o Sebrae, administram recursos e programas que podem também beneficiar projetos regionais, mas a ação é fragmentada e, em muitos casos, exige condições incompatíveis com a real capacidade de absorção desses recursos na região. Mais do que isso, a ação dessas instituições não está vocacionada para atender às prioridades de expansão e modernização da infraestrutura, estimular a pesquisa e o desenvolvimento de tecnologias adequadas ao aproveitamento da base natural de recursos, e promover a qualificação e aperfeiçoamento dos recursos humanos regionais.

A recomposição das fontes de recursos deve atender às diretrizes relacionadas inicialmente, para evitar a fragmentação, a falta de coordenação e o desperdício. Para tanto, a proposta aqui contemplada consiste na criação de um novo fundo que reuniria recursos de várias fontes, inclusive parte dos fundos constitucionais, para financiar projetos de infraestrutura, bem como os demais empreendimentos destinados a criar as condições indispensáveis para a implantação da estratégia de consolidação de *clusters* produtivos regionais.

A implantação desse novo fundo seria feita de modo gradual, à imagem da Desvinculação de Recursos da União (DRU). Na sua composição inicial, poderiam ser incluídos:

- uma percentagem a ser definida dos fluxos anuais de recursos referentes aos fundos constitucionais, bem como dos saldos não aplicados;
- recursos aportados pelo BNDES correspondentes a duas vezes o valor dos recursos oriundos dos fundos constitucionais;
- parcelas dos recursos aplicados no Norte e Nordeste por instituições financeiras federais destinadas a programas de formação profissional, agricultura familiar e infraestrutura urbana, entre outros;
- parte dos recursos destinados pelo Sebrae a financiamentos a pequenas empresas nas regiões em questão;
- recursos orçamentários;
- novas fontes a serem definidas.

Esse novo fundo — na verdade seriam dois, um para cada região — apresentaria três vantagens importantes em relação à situação vigente:

- permite a implantação gradual de um comando único sobre as principais fontes de apoio financeiro federal ao desenvolvimento regional, aumentando a eficiência e a eficácia dessas aplicações;
- cria condições para que os recursos dos fundos constitucionais sejam também utilizados no financiamento de projetos de infraestrutura a cargo do setor público;

- viabiliza um maior envolvimento do BNDES nas regiões Norte e Nordeste mediante redução do custo dos empreendimentos, pela composição de fontes financeiras, e correspondente redução do risco das operações.

Parte dos recursos desse fundo poderia financiar projetos de infraestrutura e demais investimentos em atividades que não apresentam condições de retorno financeiro (aplicações a "fundo perdido") para terem chances concretas de serem atendidas. Incluem-se nesse caso a recuperação das instituições regionais de pesquisa, bem como das instituições nacionais que desenvolvem atividades relacionadas ao aproveitamento da base natural de recursos regionais, que não podem depender de empréstimos, ainda que subsidiados. As ações de melhoria do nível educacional e de qualificação da mão de obra local também encontram-se na mesma situação. É necessário, portanto, que existam disponibilidades de recursos suficientes para atender a essas prioridades.

A gestão dos fundos e a reforma institucional

Para que seja estabelecido um comando único sobre os instrumentos financeiros de uma nova política de desenvolvimento regional, é necessário adotar um novo modelo de gestão no qual as instituições encarregadas dessa gestão devem:

- ser capazes de mobilizar os recursos disponíveis e articular as decisões necessárias à implementação de uma estratégia de desenvolvimento voltada para a consolidação de *clusters* produtivos regionais;
- ter suas ações pautadas por um plano de desenvolvimento regional, que estabelecerá as diretrizes e as prioridades de investimento;
- promover o envolvimento de instituições financeiras privadas no processo de análise, aprovação e implementação de projetos, de forma a obter maior eficiência na gestão dos recursos e maior eficácia no atendimento dos objetivos da política regional;
- contar com os recursos necessários para o bom desempenho de sua missão: quadros técnicos competentes e bem-remunerados, recursos

materiais atualizados e capacidade de contratação de consultores para a execução de tarefas específicas;
* ser capazes de estabelecer as indispensáveis parcerias com os estados da região e com as entidades representativas das lideranças empresariais, a fim de ampliar a mobilização pela causa do desenvolvimento regional.

O novo modelo e a recriação da Sudam e da Sudene

De acordo com as leis complementares que definem o perfil e as atribuições das novas superintendências regionais, a Sudam e a Sudene atuariam no marco de decisões tomadas pelos respectivos conselhos deliberativos, formados por ministros, governadores e representantes de municípios, empresários e trabalhadores (três representantes de cada um desses grupos), que se encarregariam de definir objetivos, diretrizes e prioridades a serem observados na aplicação dos recursos dos fundos constitucionais (FNE e FNO), bem como dos fundos orçamentários (Fundo de Desenvolvimento do Nordeste — FDNE — e Fundo de Desenvolvimento da Amazônia — FDA), tendo em conta o respectivo plano regional de desenvolvimento.

As novas superintendências teriam como finalidade principal promover a integração competitiva da base produtiva regional na economia nacional e internacional, para o que deveriam ser capazes de articular as ações a cargo dos distintos órgãos públicos; apoiar os investimentos públicos e privados nas áreas de infraestrutura econômica e social, capacitar os recursos humanos, apoiar a inovação e difusão tecnológica, políticas sociais e culturais e iniciativas de desenvolvimento sub-regional; e estimular, por meio da administração de incentivos e benefícios fiscais, investimentos privados prioritários, atividades produtivas e demais iniciativas de desenvolvimento sub-regional em sua área de atuação.

Apesar das referências à necessidade de articulação das ações desenvolvidas por distintos órgãos da administração pública federal, as referidas leis complementares não entram em detalhes a respeito, o que poderia ser objeto de regulamentação. No entanto, ao preservar a regra atual de que a gestão dos recursos dos fundos regionais ficaria, como hoje, a cargo das instituições financeiras federais (Banco do Nordeste — BNB — e Banco da Amazônia — Basa),[18] elas restringem a possibilidade de que o objetivo de estabelecer um comando único sobre os instrumentos financeiros da política regional venha a ser alcançado.

A única indicação de que existe uma preocupação a respeito está contida na lei complementar que recria a Sudene, que menciona a criação de um comitê regional de instituições financeiras federais, que teria a incumbência de articular a política de crédito a cargo de distintas agências financeiras públicas, mas que teria uma função exclusivamente consultiva.

É preciso, portanto, examinar com mais cuidado a questão gerencial. Sem um novo arranjo institucional que elimine os vícios do passado e adote procedimentos de mercado para selecionar os projetos a serem apoiados pelos fundos citados, os riscos de que os resultados que se espera alcançar com a nova política regional não se materializem são grandes. Cabe, portanto, examinar como isso pode ser feito.

A criação de uma unidade gestora de projetos regionais

Em vez de um comitê regional de instituições financeiras federais, de caráter consultivo, tal como previsto na lei da Sudene, a proposta consiste na instituição, por lei, de uma unidade gestora de projetos regionais (UGPR), com atribuições executivas, a quem caberia promover a gestão integrada dos novos instrumentos financeiros da política de desenvolvimento regional. As UGPRs atuariam no marco das diretrizes, prioridades, políticas e programas estabelecidos pelos conselhos deliberativos regionais e integrantes dos respectivos planos de desenvolvimento, buscando aumentar a eficiência na aplicação dos recursos e a eficácia no alcance dos objetivos pretendidos.

Com base nos planos e programas elaborados pelas superintendências e aprovados pelos conselhos deliberativos, nos quais constariam as

---

[18] No caso da Amazônia, a lei complementar prevê também o envolvimento de outras instituições financeiras federais, como o Banco do Brasil e a CEF.

metas estabelecidas bem como os limites e condições aplicáveis aos recursos dos fundos regionais, as UGPRs selecionariam, previamente, uma carteira de projetos prioritários à luz do objetivo principal já mencionado de promover a integração competitiva da base produtiva regional nas economias nacional e internacional. Nessa pré-seleção, os projetos seriam identificados de um modo genérico, sem maiores detalhes com respeito à viabilidade econômico-financeira e condições operacionais.

Após a aprovação dessa carteira de projetos pelo conselho deliberativo, as UGPRs dariam início ao processo de seleção. O princípio básico a ser obedecido nesse processo é o de obter eficiência e eficácia por meio da competição entre os agentes interessados e o rigor técnico na análise dos pleitos submetidos. No primeiro caso, a competição deve estimular os agentes públicos e privados a oferecerem melhores contrapartidas para acesso aos recursos dos fundos regionais. No segundo, o rigor técnico seria assegurado mediante a reunião de profissionais de diferentes órgãos públicos especializados nas áreas abrangidas pela carteira de projetos pré-selecionada.

As UGPRs seriam formadas por dirigentes das principais instituições públicas envolvidas na implementação da política regional. Não teriam corpo técnico próprio e contariam com o apoio administrativo das respectivas superintendências. Para proceder à análise e acompanhamento da implementação dos projetos, seriam formados grupos técnicos permanentes também constituídos por profissionais indicados pelos órgãos públicos pertinentes. Esses grupos se reuniriam periodicamente para decidir sobre os projetos de suas áreas de competência, cujo resultado seria encaminhado à UGPR para deliberação final.

A competição seria promovida da seguinte maneira:

- o investidor interessado em implementar um determinado projeto recorre a uma instituição credenciada pela UGPR para obter os recursos necessários para financiar seu empreendimento. Essa instituição pode ser um agente financeiro público ou privado, quando se tratar de projetos que demandam recursos de capitalização ou de crédito, ou instituições (públicas ou privadas) que operam nas demais áreas abrangidas pelo plano de desenvolvimento regional;

- o agente financeiro, ou a instituição envolvida, avalia o pleito e encaminha o projeto à consideração da UGPR, no qual indica, além da demanda de recursos dos fundos regionais (capitalização, crédito e recursos orçamentários), o apoio financeiro adicional que poderá aportar ao projeto;
- os grupos técnicos encarregados da análise dos projetos avaliam as propostas enviadas pelos agentes financeiros, nas respectivas áreas de atuação, e encaminham o resultado de suas análises, com as devidas recomendações, à consideração da UGPR;
- no caso de recursos a serem aplicados a fundo perdido em projetos de interesse econômico ou social, a instituição credenciada poderá oferecer assistência técnica e gerencial à implementação dos projetos;
- os recursos atribuídos aos projetos aprovados pela UGPR serão repassados aos agentes financeiros e demais instituições responsáveis por esses projetos, de acordo com o cronograma estabelecido e mediante comprovação do cumprimento das etapas previstas para a sua implementação;
- caberá aos grupos técnicos acima referidos efetuar o acompanhamento da implementação dos projetos e atestar o cumprimento dos compromissos assumidos pelas agências responsáveis por sua implementação.

Essa distribuição de papéis e de responsabilidades entre o setor público e privado teria a vantagem de manter o controle do primeiro sobre as decisões estratégicas necessárias para o desenvolvimento econômico e social da região e sobre o elenco de projetos prioritários para sua materialização, e de introduzir, ao mesmo tempo, a competição entre as instituições financeiras públicas e privadas no processo de escolha dos projetos a serem financiados. Com isso, o órgão gestor, além de prescindir de um sofisticado — e dispendioso — sistema de análise e avaliação de projetos, do ponto de vista microeconômico, garantiria maior eficiência para o sistema e melhores resultados para a região.

O comando único sobre os instrumentos financeiros da política regional ficaria assegurado pelo controle exercido pelas UGPRs sobre o acesso às diferentes fontes de recursos, o que permitiria também que a composição do financiamento de cada projeto se ajustasse melhor à sua natureza e expectativas de rentabilidade. Projetos de mais longo prazo de maturação e de maior interesse social e ambiental poderiam receber uma parcela maior de recursos dos fundos de capitalização e/ou de recursos orçamentários para se tornar viáveis, ao passo que projetos que apresentem uma taxa de retorno mais favorável poderiam ser integralmente financiados com recursos de crédito. Em qualquer hipótese, a aderência dos projetos às prioridades e diretrizes da política regional ficaria assegurada pela prévia aprovação pelo conselho deliberativo de uma carteira de empreendimentos selecionada com base nos programas constantes do plano de desenvolvimento regional.

Um resumo do modelo de gestão acima descrito é apresentado em seguida.

O conselho deliberativo das superintendências regionais aprova as diretrizes, prioridades e programas constantes do plano de desenvolvimento regional, bem como uma carteira de empreendimentos pré-selecionada pelas unidades gestoras de projetos regionais.

As unidades gestoras de projetos regionais (UGPRs) credenciam as instituições públicas ou privadas interessadas na apresentação de propostas e na implementação de projetos enquadrados na carteira de empreendimentos pré-selecionados.

Investidores interessados em obter recursos dos fundos regionais encaminham seus pleitos às instituições credenciadas que, após apreciação, submetem esses pleitos às UGPRs, especificando as demandas de recursos dos fundos regionais e as contrapartidas — financeiras ou outras — que oferecem para implementar o projeto.

Grupos técnicos constituídos pelas UGPRs analisam os projetos enviados pelas instituições credenciadas e encaminham a conclusão de suas análises a essas unidades com as devidas recomendações.

Os recursos atribuídos aos projetos aprovados pelas UGPRs são repassados às instituições encarregadas de sua implementação, de acordo com o cronograma de implementação e com base em relatório de acompanhamento encaminhado pelos grupos técnicos já mencionados.

Periodicamente as UGPRs encaminharão aos conselhos deliberativos das superintendências regionais relatório contendo informações detalhadas sobre os projetos em andamento e o cumprimento das metas estabelecidas nos planos regionais.

Comentários adicionais

A desconfiança que germinou na federação brasileira ao longo dos últimos anos contribui para dificultar uma análise racional de qualquer proposta de mudança na política regional e para propiciar uma negociação aberta e transparente a respeito.

A dificuldade em avançar no entendimento a esse respeito também se explica pela relação que se estabeleceu entre uma nova proposta de política regional e a obtenção de um acordo entre os estados para encerrar a guerra fiscal. Embora haja razões para isso, a junção de dois temas distintos afasta o foco do debate dos méritos de qualquer proposta para concentrá-lo na questão dos recursos. Convém notar que a guerra fiscal já esgotou suas possibilidades em face da retaliação promovida pelos estados prejudicados e pela insegurança jurídica que inibe empresários sérios a dela participarem, o que já vem levando os estados a buscar um acordo para acabar com ela. Assim, é preciso separar as duas coisas para evitar que o foco das discussões a respeito do conteúdo e das vantagens de uma nova proposta seja desviado.

Concentrar o foco de uma nova política regional no entendimento das mudanças necessárias para adaptá-la ao novo padrão de ocupação do território brasileiro mencionado no primeiro capítulo deste livro é outro desafio que encerra uma forte polêmica, sendo necessário promover um amplo debate a respeito antes de avançar na construção de uma nova proposta de política regional.

Assim como nas mudanças a serem promovidas nos demais componentes de um novo modelo de federalismo fiscal, é fundamental dar a devida atenção ao desenho da transição. O gradualismo na implementação dessa política se manifestaria por meio de seu alcance territorial. Numa primeira etapa, a nova política de desenvolvimento regional manteria o foco exclusivo nas regiões Norte, Nordeste e Centro-Oeste com o objetivo de contribuir para a convergência de rendas entre as regiões brasileiras. Além das limitações de recursos, há razões objetivas para essa sugestão que têm a ver com a necessidade de abordar com prioridade a necessidade de fortalecer a união econômica e a coesão federativa.

• 6 •

Obstáculos e caminhos para a reforma tributária

A plataforma

Quase 40 anos são transcorridos desde que a reforma tributária de 1967 desenhou um modelo tributário que buscava concatenar a lógica da arrecadação com a lógica da distribuição. No campo das competências, a reforma de 1967 recuperou o imposto de renda e ampliou o poder de tributar dos estados e municípios, com a substituição do antigo imposto estadual pelo moderno ICM e a atribuição aos municípios da competência para tributar a prestação de serviços. No campo das transferências, ela instituiu os mecanismos inspirados em regimes de equalização fiscal (fundos de participação), para atender às necessidades financeiras de estados e municípios de fraca base econômica.

Outro componente importante do federalismo fiscal de 1967 era constituído por mecanismos voltados para a cooperação intergovernamental na implementação das políticas de modernização da infraestrutura de transportes, comunicações e energia, indispensáveis ao alcance do objetivo de promover a industrialização do país. Fundos próprios, formados por tributos federais incidentes sobre combustíveis, energia e telecomunicações, eram repartidos com estados e municípios e utilizados na implementação de políticas de investimento executadas em parceria por instituições federais, estaduais e municipais.

Embora não sendo oficialmente reconhecido como um quarto componente desse modelo, os incentivos ao desenvolvimento das regiões menos desenvolvidas exerciam essa função. Baseados na renúncia da receita do imposto de renda, os fundos de investimento voltados para a capitalização de empreendimentos privados no Nordeste e na Amazônia agregavam, aos esforços de articulação das políticas públicas, a transferência de recursos federais para o apoio à realização de investimentos privados com a finalidade de reduzir as diferenças de crescimento econômico entre as macrorregiões brasileiras.

O modelo de federalismo fiscal concebido em 1967 constituía, portanto, uma plataforma que se assentava em quatro pilares de igual dimensão, que lhe davam sustentação:

- o reforço da capacidade tributária própria de estados e municípios, com a criação do ICM na competência dos estados e do ISS na competência dos municípios;
- a instituição de um regime de transferência de receitas a unidades da federação dotadas de base econômica insuficiente para gerar recursos próprios em nível adequado às respectivas necessidades — a compensação tributária;
- a manutenção de fundos fiscais vinculados a investimentos na infra-estrutura básica (transportes, energia e comunicações) sustentados por tributos específicos e voltados para a cooperação federativa nas prioridades da política de desenvolvimento;
- a parceria entre o setor público e o privado, via incentivos fiscais, com vistas à redução das desigualdades regionais de desenvolvimento.

Desde então, as mudanças processadas no regime tributário não ousaram alterar a essência do modelo posto em prática pela reforma de 1967, ainda que tenham deixado de lado a importância de assegurar o equilíbrio entre competências, compensação, regionalismo e cooperação. O esgotamento desse modelo coincidiu com o enfraquecimento do regime militar e a adoção da política de transição gradual para a democracia, mas a oportunidade de proceder à sua revisão, por ocasião dos trabalhos da Assembleia Nacional Constituinte instalada em 1988, não foi aproveitada. Naquela oportunidade, a reação à centralização do poder no governo federal comandou as mudanças no capítulo tributário da Constituição.

A bandeira da descentralização fiscal estampava duas reivindicações: ampliação das competências tributárias de estados e municípios, defendida pelas unidades federadas mais desenvolvidas, e aumento das transferências de receitas federais, sem qualquer condição quanto a seu uso, defendido por aquelas unidades de menor desenvolvimento. Tais reivindicações resultaram na entrega aos estados da competência para incorporar combustíveis, energia e comunicações à base de incidência de seu principal imposto — agora rebatizado de ICMS — e na ampliação da parcela da receita federal do imposto de renda e do IPI repassada aos fundos de participação, que passavam a absorver praticamente a metade da arrecadação dos principais tributos de competência da União. Com a entrega da competência para tributar combustíveis, energia e comunicações aos estados, os fundos que viabilizavam a cooperação intergovernamental nos investimentos em infraestrutura foram extintos. No âmbito regional, a criação de um fundo próprio, de tamanho limitado, não foi capaz de compensar o esvaziamento dos incentivos fiscais.

Na essência, portanto, os fundamentos do modelo de 1967 não foram alterados, mas o equilíbrio entre a repartição de competências, a equalização fiscal, a cooperação financeira e a política regional, que constituía a essência do modelo de federalismo fiscal implantado pela reforma de 1967, foi perdido. A plataforma que sustentava esse equilíbrio teve uma de suas pernas — a que cuidava da cooperação intergovernamental nas áreas estratégicas para o projeto de industrialização do país — amputada, enquanto a perna que sustentava a equalização fiscal mais do que dobrou de tamanho. Com a atrofia da perna composta pelos incentivos fiscais ao desenvolvimento regional, a plataforma adernou, fazendo com que o equilíbrio do modelo ficasse irremediavelmente comprometido.

O desequilíbrio provocado pelas alterações promovidas pela Constituição de 1988 foi se tornando mais evidente à medida que novas responsabilidades atribuídas ao governo federal no campo dos direitos sociais reverteram parcialmente a descentralização dos recursos provenientes da arrecadação de impostos. As novas contribuições criadas ao abrigo do art. 195 da Constituição para fazer frente à ampliação dos direitos previdenciários, à universalização do acesso à saúde e à ampliação de mecanismos de proteção social aumentaram o volume de tributos arrecadados pela União, ao mesmo tempo que contribuíram para ampliar os repasses de recursos a estados e municípios.

Em decorrência, a vinculação de tributos a determinadas categorias de gasto, que havia sido expressamente proibida no capítulo tributário, retornou com maior amplitude, à medida que o crescimento das contribuições sociais era, ao mesmo tempo, uma necessidade decorrente da ampliação das obrigações da União no campo da seguridade social e uma forma de escapar às determinações constitucionais de repassar cerca da metade de seus principais tributos aos fundos de participação. Essa válvula de escape foi sendo crescentemente utilizada à medida que o ajuste fiscal recorria a essas contribuições para sustentar crescentes superávits primários em face da dificuldade em promover cortes mais profundos nos gastos.

Juntamente com os desequilíbrios apontados, a atrofia dos incentivos fiscais ao investimento nas regiões menos desenvolvidas — fruto de mudanças no imposto de renda que reduziram a base de cálculo desses incentivos (com a redução do número de empresas obrigadas a pagar o imposto com base na apuração do lucro real) e de sucessivas denúncias de má utilização desse dinheiro —, a queda na capacidade de investimento do orçamento federal e a privatização de empresas estatais contribuíram para o acirramento dos conflitos regionais e federativos, em face da interrupção do processo de redução do hiato de desenvolvimento entre o Sul/Sudeste e o Norte/Nordeste.

O receio de enfrentar o desafio da construção de um novo modelo de federalismo fiscal revelou-se contraproducente. Tendo sido tratado como um tabu, cujo enfrentamento levaria a consequências imprevisíveis, a opção por não mexer no regime de partilhas e transferências de receitas estabelecidos na Constituição acabou por revelar-se equivocada. A despeito das dificuldades políticas para alterar as regras que regulam os mecanismos de repartição de receitas tributárias na federação, o não enfrentamento dessa questão acabou por bloquear as alterações necessárias no sistema tributário para adequá-lo às exigências da abertura econômica e da integração continental.

Após quase quatro décadas e sucessivos remendos, é preciso restaurar o equilíbrio entre os quatro componentes desse modelo, conforme o proposto nos capítulos anteriores deste livro.

Quais as principais razões da resistência?

São cinco as principais razões da resistência encontrada por uma proposta de reforma abrangente que contemple a adoção de um novo modelo de federalismo fiscal:

- a preservação da autonomia de que estados e municípios desfrutam para legislar e administrar os impostos de sua competência;
- o receio de ambos de perder receitas com uma mudança dessa natureza;
- o medo dos contribuintes de que tal receio acabe redundando em novos aumentos da carga tributária;
- a dificuldade em obter um entendimento a respeito em face da diversidade dos interesses envolvidos;
- o clima de antagonismos e de desconfianças prevalecente.

A questão da autonomia

A insistência em preservar autonomias plenas no campo tributário, ignorando os limites que a nova ordem econômica mundial impõe ao seu exercício, está com os dias contados.

Uma federação não é formada por motivações apenas de ordem política, mas também econômica. A rigor é a união econômica que fortalece a união política. Assim, se o regime tributário cria embaraços ao fortalecimento da união econômica, a federação se enfraquece. Não é por acaso que o projeto político da União Europeia conduziu à formação de uma união econômica e sim porque sem ela o objetivo de preservar influência política no cenário internacional não poderia ser alcançado.

A intransigente defesa da autonomia federativa tem a aparente vantagem de manter a competência dos estados e municípios para legislar de forma independente sobre seus impostos, mas essa vantagem depende em muito da capacidade de eles construírem um amplo entendimento em torno de um projeto comum. Na ausência de um entendimento que harmonize a legislação e as práticas adotadas na administração do ICMS, corrija suas principais distorções e elimine a cumulatividade decorrente da tributação em separado dos serviços, os resultados serão insatisfatórios e a ineficiência do sistema tributário continuará impondo pesado ônus à competitividade da produção nacional e ao crescimento do país.

Ademais, a preservação de competências exclusivas, para garantir a autonomia de cada ente para legislar sobre seu próprio imposto, gera uma situação de permanentes conflitos e afeta as perspectivas com respeito ao comportamento futuro da arrecadação. Tributos independentes preservam a autonomia, mas geram impactos regionais diferenciados e podem criar dificuldades ao fortalecimento da união econômica, o que adiciona novas dificuldades ao crescimento. Também dificultam a cooperação administrativa e a união de esforços para combater a sonegação.

A bandeira da autonomia federativa também é empunhada por entidades municipalistas e corporativas para defender a preservação do ISS, exibindo números que mostram a pujança e o dinamismo da arrecadação desse imposto pelos governos locais. Em assim fazendo, tais entidades ignoram a importância de acabar com um anacronismo introduzido em 1967 e que não conseguimos corrigir na reforma de 1988, quando a substituição do ISS por um imposto sobre vendas no varejo foi apresentada. De lá para cá aumentaram as distorções que tal situação acarreta, em virtude da crescente importância dos serviços na economia brasileira e da dificuldade cada vez maior em traçar limites precisos para distinguir mercadorias de serviços, em função do avanço da tecnologia da informação nos mais distintos campos da atividade produtiva, o que, além de prejuízos econômicos, é fonte de permanentes conflitos.

Cabe assinalar, todavia, que a autonomia no campo tributário não pode colidir com um princípio básico do regime federativo que é a inexistência de barreiras de qualquer natureza à livre movimentação de pessoas e de bens em todo o território abrangido pela federação. A tributação de operações interestaduais pelo ICMS e a tributação municipal sobre a prestação de serviços que não aqueles localmente consumidos ferem esse princípio e devem, portanto, ser revistas à luz da necessidade de preservar a união econômica da nação.

Mediante a partilha de competências, a proposta do IVA dual permite conciliar a autonomia federativa com o fortalecimento da federação, contribuindo, ademais para tornar mais equilibrada a repartição de receitas tributárias no território brasileiro ao estabelecer uma correspondência direta entre o tributo arrecadado e o consumo efetuado em uma determinada jurisdição (estado ou município).

Conforme vimos no capítulo 3, de um ponto de vista puramente de técnica tributária seria mais simples adotar um só IVA na competência do governo federal e partilhar automaticamente o produto da arrecadação, mas há razões importantes, além da questão da autonomia, para arguir que essa solução não atende às especificidades da federação brasileira.

O receio dos governos e dos contribuintes

O apego à autonomia também resulta de um generalizado clima de desconfiança com respeito às reais intenções das propostas apresentadas e à efetiva disposição de todos para cumprir o que for acordado. O clima de desconfiança se nutre de experiências acumuladas no passado e de tentativas de sobrepor o interesse individual aos interesses comuns.

Uma das manifestações dessa desconfiança refere-se à definição das alíquotas. Em um modelo ideal de IVA dual, as alíquotas federal e estadual seriam uniformes e tanto as alíquotas federais quanto as estaduais deveriam ser aplicadas às mesmas categorias de produtos, de forma a manter a transparência e a simplicidade do imposto. Como a fixação das alíquotas estaduais depende de um amplo entendimento a ser alcançado entre os estados, para dar conta da diversidade de situações, eles temem que a maior facilidade da União para alterar suas alíquotas de forma unilateral rompa com o acordo que for inicialmente feito com respeito ao equilíbrio entre as respectivas alíquotas, modificando o equilíbrio federativo e trazendo prejuízo para os estados.

Cabe assinalar, no entanto, que, na proposta do IVA dual, a competência para tributar de forma ampla o consumo de bens e serviços seria partilhada na federação. Ambos, a União e os estados, negociariam conjuntamente, no Congresso Nacional, a legislação aplicável e as alíquotas que corresponderiam à parcela de cada um no tributo em questão.

Entre os aspectos positivos associados à partilha da competência tributária convém destacar o incentivo à cooperação. Uma base impositiva comum e uma legislação nacional uniforme conduziriam à cooperação intergovernamental no campo da administração tributária, com benefícios não desprezíveis para o contribuinte e para o fisco. Do ponto de vista do contribuinte, a simplificação decorrente da adoção de uma base única para cálculo dos débitos fiscais reduz o custo das obrigações acessórias e dispensa a necessidade de recurso a diferentes instâncias para a solução de conflitos de interpretação. Do ponto de vista do fisco, a integração de cadastros e a fiscalização conjunta aumentam a eficiência do combate à fraude e à sonegação, ao mesmo tempo que permitem obter substanciais economias administrativas.

A adoção de um IVA dual aumentará a pressão para ajustar a organização dos fiscos estaduais às necessidades de administrar um imposto que demanda intensa cooperação, tanto entre os entes federados quanto no interior de cada um deles. Ao longo dos anos, os estados se prepararam para lidar com uma situação de permanentes conflitos. Trata-se, agora, de ver como direcionar seus esforços para promover a cooperação. Isso não depende apenas de mudanças organizacionais. Também requer um exame atento dos processos de gestão. Na gestão de um imposto harmonizado, o intercâmbio de experiências e de informações é um requisito básico a ser observado. Outro requisito importante é a velocidade com que as decisões são tomadas. Discrepâncias acentuadas com respeito à capacidade de processar as informações e à velocidade de utilizar os elementos daí extraídos para tomar as devidas decisões podem comprometer os resultados. Não basta que as normas que regulam o imposto sejam harmonizadas. É importante que as capacidades de aplicá-las também o sejam.

Nesse sentido, o estímulo à cooperação gerado pela adoção de um IVA dual reforçaria medidas em curso para nivelar as capacidades administrativas estaduais, em particular no tocante a tecnologias aplicadas, quantidade e qualidade dos recursos humanos e gerenciais, bem como tornar disponível um sistema de informações abrangente e de boa qualidade, que propicie a integração dos sistemas de controle e fiscalização, preveja o intercâmbio de informações importantes para o combate à sonegação e dê transparência às relações do fisco com os contribuintes. Contribuiria além disso para o aperfeiçoamento de instâncias formais ou informais requeridas para a negociação e solução de possíveis conflitos.

Em parte, algumas iniciativas recentes conduzidas no âmbito de programas de modernização das administrações tributárias, como a sincronização de cadastros e os projetos, já em andamento, de implementação da escrituração (Sistema Público de Escrituração Digital — SPED) e da nota fiscal eletrônica (NF-e) caminham na direção apontada. O investimento na melhoria das capacidades administrativas, especialmente no campo da tecnologia e dos recursos humanos, foi o foco predominante das ações patrocinadas pelo Programa de Modernização das Administrações Tributárias Estaduais (Pnafe). O projeto de implementação da nota fiscal e da escrituração eletrônicas apoia-se na tecnologia para desenvolver novos procedimentos de gestão tributária e para dar novos passos na construção de um sistema de informações que irá preencher os requisitos dele exigidos. Por seu turno, a implementação do Simples nacional avança na construção de instâncias formais de cooperação entre os entes federados para viabilizar a execução desse projeto.

Outra vantagem importante da partilha de competências é a contribuição que ela traz para a estabilidade normativa. A partilha de uma ampla base tributária entre os componentes de uma federação torna mais difícil a ocorrência de frequentes mudanças na legislação, pois para isso seria necessário conciliar distintos interesses, que nem sempre estariam de acordo com a necessidade e a natureza da mudança pretendida. Mais estabilidade também é importante, juntamente com o reforço das regras de anterioridade e anualidade, para dar mais segurança ao contribuinte e estabelecer um ambiente propício a decisões de investimento e à atração de capitais, de fundamental importância para o país.

A harmonização é também vantajosa do ponto de vista dos princípios de tributação. O foco na competitividade, uma exigência da globalização dos mercados reforçada pelas pressões da integração econômica, repõe a preocupação com a neutralidade dos impostos no centro dos debates sobre as reformas tributárias que estão sendo objeto de atenção em vários países. Ao lado disso, a proteção do contribuinte também ressurge com maior força, tendo em vista a necessidade de preservar um ambiente favorável aos negócios e de estabelecer uma relação mais madura entre os contribuintes e o fisco.

A dança dos números relativos a perdas com a proposta

A exposição de cifras contundentes sobre possíveis perdas de estados e municípios advindas de mudanças na legislação tributária é uma das maneiras mais usuais para reagir negativamente a propostas de mudança e para demandar modificações ou medidas adicionais que compensem as perdas anunciadas. Em face da pouca transparência das normas vigentes e da insuficiência dos dados utilizados na realização dessas estimativas, os números que circulam em torno da mesa são vistos com ceticismo por aqueles que defendem a proposta apresentada, mas como a desconfiança é generalizada e o receio de expor com clareza os respectivos argumentos é grande, nenhuma estimativa de ganhos é exibida. Os que podem ganhar parecem desconfiar de que a exposição desses ganhos poderia reverter em prejuízo de seus interesses, enquanto os que exibem perdas fazem enorme barulho a respeito desse fato.

A competição por tributar bases superpostas por meio de impostos similares sobre o consumo de mercadorias e serviços é uma das questões que geram preocupações a esse respeito. De um lado, estados e municípios temem que a ampliação da base tributária do governo federal venha a encolher o espaço para a aplicação de alíquotas estaduais e municipais. De outro, os contribuintes temem que a disputa federativa acabe significando um aumento da carga tributária incidente sobre a atividade produtiva para acomodar as demandas dos três entes federados por recursos suficientes para compor os respectivos orçamentos. Como as alíquotas não podem ser definidas no texto constitucional, não é possível, *a priori*, quantificar as perdas que poderiam resultar desse fato, o que, em face da incerteza reinante, gera enorme resistência à plena harmonização da tributação e à preferência por manter o *status quo*.

No quesito perdas, outra preocupação dos estados, além da que possa advir da competição por alíquotas, refere-se à transição para a cobrança do ICMS no destino. Nesse caso, é possível exibir números a respeito das perdas, embora sem o refinamento necessário. É que, à diferença do passado, o impacto da adoção do princípio do destino na receita dos estados não é tão simples de ser aferido, como vimos, em razão das diferenças de alíquotas interestaduais entre estados de distintas regiões e da indiscriminada concessão de benefícios fiscais. Curiosamente, ninguém reconhece que a adoção do destino deverá trazer ganhos não desprezíveis de arrecadação em face do fim da guerra fiscal e do fechamento das brechas que facilitam a sonegação.

No caso dos municípios, a proposta de substituição do ISS (que seria incorporado ao IVA estadual) pelo IVVS também enfrenta a reação de grandes municipalidades que hoje têm no ISS uma fonte importante de receita. Embora as estimativas mencionadas no capítulo 3 indiquem que tais perdas se concentrariam em alguns poucos municípios metropolitanos, a falta de interesse da quase totalidade dos municípios que se beneficiariam com essa mudança em promovê-la faz com que ela seja posta em segundo plano.

Do lado dos contribuintes, o receio de que a proposta do IVA dual leve a um novo aumento da carga tributária provoca arrepios em face do ocorrido em mudanças recentemente promovidas na legislação do PIS-Cofins, o que gera demandas por imposição de limites e adoção de garantias de que a reforma não gere novos aumentos da carga tributária.

Um caleidoscópio de interesses

Uma importante dificuldade para alcançar um razoável entendimento sobre o rumo da reforma é a ausência de uma visão comum dos interesses coletivos dos entes federados e também de representantes do setor produtivo. Mudanças na estrutura produtiva e no processo de ocupação do território nacional, em parte também induzidas pela guerra fiscal, contribuíram não apenas para ofuscar a velha identidade das macrorregiões brasileiras, mas também para acentuar a diversidade de interesses de estados que integram cada uma delas. O mesmo ocorre, em escala ainda maior, no caso dos municípios, onde o elo que no passado os unia — o tamanho das respectivas populações — também perdeu importância em função do acelerado processo de urbanização e de metropolização verificado nas últimas décadas.

A diversidade de situações apresentada pelo conjunto dos municípios brasileiros concorre para que a implementação de um IVA dual acompanhada da substituição do atual imposto municipal por um imposto incidente nas vendas no varejo acarrete alterações não desprezíveis na repartição da receita tributária municipal, que passaria a se relacionar com a localização dos estabelecimentos varejistas e não com a concentração das atividades prestadoras de serviços, como atualmente. Essa mudança é particularmente relevante para municípios que pertencem a regiões metropolitanas e demais aglomerações urbanas em que as atividades varejistas mais importantes — supermercados, centros comerciais, distribuidoras de veículos etc. — se concentram em municípios vizinhos, o que poderia gerar competição por atração desses negócios na ausência de uniformidade de alíquotas.

Do lado dos contribuintes, as divergências decorrem de percepções de mudanças na repartição da carga tributária que surgem de alterações na base de incidência dos tributos. Contrariando o discurso oficial das entidades patronais, que aponta para o progressivo encolhimento das bases tributárias e a consequente concentração do ônus da tributação em um número reduzido de contribuintes, diversos representantes do setor produtivo expressam preocupação com a abrangência da base de incidência de um IVA e com a possibilidade de uma mudança dessa envergadura aumentar a carga tributária e estimular a competição desleal em setores onde a informalidade já é elevada.

Em boa parte, tal alegação carece de fundamento, pois a base de incidência das contribuições federais que devem ser substituídas por um IVA já é bastante ampla, mas as mudanças na repartição setorial da carga tributária são objeto de preocupação, principalmente no âmbito do comércio varejista, onde alega-se que um aumento de carga tributária resultante da sobreposição do IVA com um novo imposto municipal sobre vendas no varejo (IVVS) estimularia a informalidade e a concorrência desleal com o comércio informal, embora tal alegação careça de evidências conclusivas.

Como superar as resistências e construir um clima de entendimento propício à reforma?

Construção de uma visão de futuro

Uma das principais dificuldades que as tentativas de reforma conduzidas no passado enfrentaram para obter resultados concretos foi a predominância das implicações mais imediatas das mudanças sugeridas, com destaque para possíveis reflexos nos orçamentos dos entes federados. A isso se somaram dificuldades para resolver os problemas que se acumularam ao longo do tempo, em particular aqueles que decorrem dos conflitos em torno de um acordo para equacionar o passivo da guerra fiscal. Diante dessas pressões, o futuro foi solenemente ignorado.

A construção de uma visão de futuro depende da compreensão dos desafios com que a federação brasileira se defronta no início deste novo século e do entendimento em torno das estratégias a serem desenhadas para enfrentá-los com sucesso, sem o que é impossível dar viabilidade a mudanças estruturais nas relações fiscais federativas. O foco dessas estratégias deverá estar voltado para duas dimensões principais. Uma trata da economia, e tem a ver com as implicações desses desafios à luz da competitividade e do crescimento. Outra cuida da federação, e aborda as consequências de cada um deles para o equilíbrio federativo e a cooperação intergovernamental.

Dois elementos, adiante abordados, são particularmente importantes no esforço de construção dessa visão de futuro: a perspectiva de esvaziamento do poder dos estados na federação e as implicações fiscais de uma nova dinâmica regional.

Esvaziamento do papel dos estados

Ao longo das duas últimas décadas, os estados brasileiros assistiram a um progressivo encolhimento de sua capacidade de intervenção. De um lado, seu campo tributário foi sendo simultaneamente invadido pelo governo federal e pelos municípios. De outro, seu grau de liberdade em matéria de gastos também foi sofrendo renovadas restrições. Curiosamente, esse processo de esvaziamento do poder dos estados se deu em contradição ao espírito de maior autonomia federativa e de liberdade de escolhas orçamentárias que presidiu os trabalhos de elaboração da Constituição de 1988.

O esvaziamento do poder dos estados contribuiu para os antagonismos que marcaram a relação entre eles nos últimos anos e que se expressam com nitidez nos debates travados no Confaz e nas dificuldades encontradas para obter entendimento em torno de propostas de reforma da tributação de mercadorias e serviços no Brasil. Assim, a adequada compreensão desse processo de esvaziamento e de suas implicações para o equilíbrio federativo é de fundamental importância para o sucesso de novas propostas de reforma.

A rigor, apesar de ganhos imediatos propiciados com a ampliação do campo de incidência do ICMS e das limitações que impôs à vinculação das transferências constitucionais, a Constituição Federal de 1988 plantou a semente do esvaziamento assinalado. Com a transferência para a competência estadual do poder de tributar petróleo, energia elétrica, comunicações e transportes, as administrações tributárias para aí deslocaram sua preferência em matéria impositiva, abrindo espaço para o avanço das contribuições sociais cobradas pelo governo federal e para a ampliação da lista de serviços tributados pelo ISS. Gradualmente a receita estadual passou a depender de meia dúzia de produtos, enquanto se expandia a adoção de regimes simplificados para as pequenas e médias empresas. O ICMS perdeu a característica de um imposto sobre o valor agregado para se transformar em um imposto seletivo monofásico acompanhado de um tributo simplificado sobre o faturamento.

A concentração da arrecadação e a adoção da substituição tributária como método principal de cobrança do ICMS trouxeram consequências importantes. Uma delas tem a ver com a dependência que os estados menos desenvolvidos passaram a exibir com respeito a receitas arrecadadas nos estados que concentram a produção dos setores que se enquadram no regime da substituição tributária. Outra se refere à possibilidade de ampliação de benefícios fiscais para a atração de investimentos, dado que a concentração da arrecadação e os ganhos propiciados pelo reajustamento de tarifas definido nos processos de privatização permitiram maior liberalidade no uso dessa política. De outra parte, o avanço dos municípios sobre a prestação de serviços, cuja importância cresce com a disseminação da tecnologia da informação em toda a estrutura produtiva, amplia as zonas cinzentas e cria novas fontes de conflitos entre os administradores tributários estaduais e municipais.

O encolhimento do campo tributário dos estados foi acompanhado de um esvaziamento das bases sobre as quais se assentam os fundos constitucionais — FPE, FPM e fundos regionais —, neste caso em prejuízo principalmente dos estados menos desenvolvidos. Em decorrência, as disparidades de situações vivenciadas pelos estados se acentuaram tornando menos nítida a tradicional visão apoiada na perspectiva das cinco macrorregiões geográficas do país. A geografia fiscal tornou-se mais complexa.

A contrapartida do esvaziamento dos fundos constitucionais foi a expansão de outras transferências federais direcionadas ao financiamento de políticas específicas — principalmente as de cunho social. A ampliação dessas transferências significou uma maior interferência do governo federal sobre os orçamentos subnacionais. Ao mesmo tempo, como os municípios detêm uma maior parcela da responsabilidade pela implementação dessas políticas, a ampliação de transferências federais diretamente aos municípios também contribuiu para esvaziar o poder de atuação dos estados, neste caso com prejuízos para a coordenação das ações governamentais em espaços territoriais que ultrapassam os limites municipais.

Impactos fiscais da dinâmica regional

Os impactos fiscais da dinâmica regional decorrem de dois efeitos principais por ela gerados: mudanças na natureza e na concentração espacial da atividade produtiva e na composição e concentração das demandas da sociedade por políticas públicas. Com o avanço da tecnologia e a irrelevância da geografia, a localização das atividades econômicas modernas adquire crescente mobilidade e concentra-se em espaços que oferecem melhores condições para o desenvolvimento de seus negócios, aí incluídas não apenas as condições econômico-financeiras, mas também as amenidades físicas e culturais. De outra parte, as mudanças demográficas impulsionadas por esse novo padrão de ocupação do território, caracterizadas principalmente pelo acelerado ritmo de urbanização, aumentam a concentração das demandas sobre o Estado em polos econômicos que extravasam os limites políticos das jurisdições de governos locais, exigindo novas formas de organização da produção de serviços públicos para que sejam atendidas de forma eficiente e eficaz.

Tomadas em conjunto, as implicações fiscais da dinâmica regional concorrem para ampliar os desequilíbrios horizontais na federação, aumentar as disparidades entre a concentração espacial de recursos e de responsabilidades em cada nível de governo (afastamento do princípio da correspondência fiscal) e criar maiores embaraços à gestão pública. Esses problemas se tornam mais graves quando inexistem mecanismos que promovam um ajuste automático na repartição horizontal das receitas públicas, como o proporcionado por um moderno regime de equalização fiscal, e quando as regras aplicadas à transferência de receitas são muito rígidas, o que impede que ajustes periódicos sejam feitos para dar conta das mudanças que se processam ao longo do tempo.

Assim, as implicações fiscais da dinâmica regional devem ser analisadas tanto sob uma perspectiva estática quanto dinâmica, buscando explorar as consequências de curto e longo prazo da dinâmica socioeconômica regional para o equilíbrio federativo e o federalismo fiscal.

Uma consequência importante da ausência de medidas para lidar com os desequilíbrios tributários gerados pela dinâmica regional é a crescente dificuldade para conciliar a qualidade das ações necessárias para atender às demandas por políticas públicas com os limites políticos das jurisdições de cada ente federado, o que contribui para reduzir a eficiência e a eficácia dessas políticas. Assim, a análise da relação entre a dinâmica regional e o equilíbrio federativo é de fundamental importância para a reforma de todo o aparato de partilhas e transferências intergovernamentais de recursos na federação brasileira, que, juntamente com o avanço da harmonização das bases tributárias, definirão o perfil de um novo modelo de federalismo fiscal para o Brasil.

Reconhecimento das implicações da resistência em promover uma reforma abrangente

Distorções econômicas e desequilíbrios federativos

Um primeiro aspecto a assinalar é o impacto econômico gerado pela sobreposição de tributos que incidem sobre bases tributárias sujeitas a normas distintas, não harmonizadas, e administradas de modo independente pelos três entes federados, o que acarreta inúmeras distorções.

Com a nova legislação do PIS/Cofins, o governo federal passou a deter a competência para tributar mercadorias e serviços da forma mais ampla possível, embora o faça mediante a aplicação de métodos distintos em função do setor de atividade e do tamanho das empresas. Em decorrência, os mesmos setores que geram o grosso das receitas estaduais sofrem também o avanço da tributação federal, elevando a carga tributária sobre insumos básicos para níveis incompatíveis com a competitividade da economia (no caso do petróleo, a Cide acentuou este avanço). De outra parte, os municípios buscam defender seu espaço com a ampliação da lista de serviços tributados pelo ISS, levando os contribuintes a rechaçar mudanças que ampliem a incidência das contribuições sobre esse segmento da atividade produtiva. Ademais, normas tributárias distintas aplicadas ao pagamento de tributos federais, estaduais e municipais oneram de forma não transparente produtores e consumidores, promovendo inúmeras distorções na repartição setorial da carga tributária, acarretando pesadas obrigações acessórias e desestimulando a geração de empregos e o empreendedorismo.

A ausência de integração das administrações tributárias e a incidência dos tributos de uns sobre os de outros agravam a cumulatividade do sistema tributário, que já padece das distorções decorrentes das condições aplicadas à cobrança dos impostos de competência de cada ente da federação. As exportações sofrem e não podem ser inteiramente desoneradas causando prejuízos ao país. Para não terem que arcar com o custo financeiro decorrente da desoneração das exportações, muitos estados passam a recusar investimentos cuja produção estiver majoritariamente voltada para o comércio exterior. As importações também são tributadas de múltiplas formas, impedindo a adoção de uma política tributária sintonizada com os objetivos de uma política industrial para o país. Em particular, a competitividade industrial é afetada pelo ônus imposto aos investimentos mediante a tributação dos bens de capital e as distintas regras adotadas pelos governos federal e estadual para lidar com esse problema.

Na vertente federativa, a multiplicidade de incidências gera desequilíbrios entre transferências que teriam uma função equalizadora — os fundos constitucionais — e as demais transferências voltadas para fins específicos. Diferentes critérios e regras aplicados ao rateio dessas transferências contribuem para enormes desequilíbrios com respeito à disponibilidade de recursos orçamentários por habitante na federação, trazendo problemas do ponto de vista da eficiência e da equidade dos gastos públicos. Com a ampliação das transferências vinculadas a finalidades específicas, a intenção de dar liberdade orçamentária aos estados defendida pela Constituição Federal de 1988 (apenas a educação constituía exceção a essa regra) foi revertida e os orçamentos estaduais se tornaram rígidos, com a consequente perda de poder dos estados sobre o uso dos seus recursos fiscais.

Normas distintas e diversidade de situações também criam problemas de cunho administrativo — para os fiscos e os contribuintes. Incentivos à evasão proliferam e são combatidos mediante o recurso a métodos simplificados de arrecadação (substituição tributária, regimes simplificados, até mesmo cobrança nas divisas estaduais) que, por seu turno, causam distorções econômicas. Os contribuintes são divididos em duas categorias: aqueles sobre os quais se concentram os esforços de controle e fiscalização (um número reduzido de contribuintes de maior porte — no Paraná são cerca de 30 mil em um universo de mais de 200 mil) e os que são objeto de regimes simplificados e de políticas estaduais de geração de emprego e renda. Embora vantajosa para a redução de custos administrativos, esta atitude aumenta a sensibilidade da receita estadual a fatores que influenciam o preço dos produtos que compõem o grosso da arrecadação (preço do petróleo, tarifas de serviços públicos, câmbio etc.) e afetam a relação entre o comportamento da receita estadual e o do respectivo PIB. Para os contribuintes, a multiplicidade e complexidade normativa — agravada pela tendência à utilização de portarias, atos declaratórios e outras normas administrativas para regulamentar a cobrança dos tributos —, juntamente com a frequência com que essas normas são modificadas, são fatores que elevam o custo de cumprimento das obrigações tributárias a níveis que em alguns casos superam o próprio valor da obrigação principal. O desrespeito ao princípio da legalidade e a instabilidade das regras geram incertezas que também causam prejuízos à economia.

Ampliação dos conflitos

A concentração da arrecadação do ICMS e o esvaziamento dos fundos constitucionais aumentam o potencial de conflitos entre os estados e enfraquecem a possibilidade de atuação conjunta em tentativas de reforma tributária. Enquanto os municípios se unem para defender o aumento do FPM, o FPE não tem sido objeto de atenção dos estados. Estes têm concentrado seus esforços na busca de compensações por perdas derivadas de exportações e por sustentação dos benefícios fiscais no caso de mudanças nas regras do ICMS. A já mencionada disparidade de critérios adotada na repartição das transferências faz com que as diferenças entre estados se tornem mais importantes do que as diferenças entre regiões, o que provavelmente explica a dificuldade encontrada para a defesa de interesses coletivos.

 Afora a demanda por aumento dos recursos federais repassados aos estados, é impossível encontrar uma agenda de mudanças que una os vários interesses estaduais. Isso também acaba por comprometer o sucesso das negociações com o governo federal, pois a ausência de entendimento sobre critérios de rateio — relativos à compensação por exportações, ou por perda de capacidade de sustentação de benefícios fiscais, por exemplo — só poderia ser superada se o volume a ser transferido fosse capaz de equilibrar as distintas posições. No plano das propostas de harmonização do ICMS, questões como as diferenças de alíquotas interestaduais, a tributação da cesta básica, a desoneração dos investimentos etc. não encontram possibilidade de entendimento se continuarem a ser tratadas independentemente de mudanças mais amplas nas relações fiscais intergovernamentais.

Convém acrescentar que a situação atual também gera conflitos entre os setores produtivos. Na ausência de perspectiva sobre a viabilidade de mudanças mais profundas, empresários dos distintos ramos de atividades buscam defender seus interesses imediatos. Isso faz com que em grande medida os interesses do setor empresarial se relacionem a questões regionais. Por exemplo, a desoneração da cesta básica afeta mais diretamente os estados do Centro-Oeste enquanto a dos investimentos é particularmente sensível para os estados do Sudeste e a das exportações para estados com forte base em *commodities* agrícolas e minerais.

A apreciação dos conflitos de interesses apontados pode se beneficiar dos elementos colhidos ao longo das mais recentes tentativas de reforma tributária, buscando explorar como eles se manifestaram nessas ocasiões, as alternativas contempladas para resolvê-los e as razões para o sucesso ou fracasso de cada uma delas. Nessa análise, a posição adotada pelo governo federal, estados e municípios, bem como a atuação de representantes do setor privado devem merecer especial atenção, com foco nas posições que cada um adota para facilitar ou bloquear o andamento do processo de reforma. Uma reflexão sobre os limites à mudança decorrentes de uma agenda restrita e sobre as chances de acomodar interesses divergentes se adotada uma reforma mais abrangente agregaria informações relevantes para a continuidade desse processo.

Avanço na discussão e implementação da agenda federativa da reforma tributária

A desconsideração desse aspecto nas tentativas anteriores de reforma tributária é um dos fatores importantes para o seu fracasso. Na ausência de uma apreciação das questões relevantes dessa agenda, as discussões anteriores se perdem na busca de mecanismos de compensação financeira a estados e municípios para administrar perdas decorrentes das mudanças contempladas nessas reformas, o que esbarra nas limitações impostas pelas restrições enfrentadas pelo orçamento federal. Uma forma de escapar dessa armadilha é avançar, simultaneamente, na compreensão dos desafios enfrentados pela federação brasileira para reforçar a coesão e alcançar um novo equilíbrio e na análise dos principais temas que compõem a agenda federativa dessa reforma, a seguir relacionados:

- o equilíbrio entre a repartição de recursos e de responsabilidades;
- a questão municipal;
- a eficiência na gestão de políticas sociais;
- a questão institucional.

Equilíbrio entre recursos e responsabilidades

Uma proposição frequentemente repetida recomenda que a busca do equilíbrio federativo deveria começar por uma precisa definição das responsabilidades de cada nível de governo para em seguida estipular os recursos com que cada um deveria contar para atender a essas responsabilidades.

Embora sensata, tal proposição carece de realismo. Ainda que fosse possível estabelecer um menu básico, tomando como referência o princípio da subsidiariedade, que advoga a atribuição das responsabilidades públicas ao menor nível de governo capaz de exercê-las, numa federação de três níveis como a brasileira seria possível diferenciar o local do nacional, mas impossível definir o que caberia ao nível intermediário — o estadual. Além disso, qualquer recomendação a respeito esbarraria nas enormes disparidades de situações encontradas no âmbito de cada ente federado e nas diferenças de custos de provisão dos serviços que decorrem de distintos níveis de desenvolvimento e da concentração demográfica.

Isso não significa que é desnecessário definir as responsabilidades, mas sim que sejam tomadas em devida conta suas limitações. Soluções assimétricas, que facilitam contemplar as disparidades de situações, ajudam, mas nem sempre são viáveis, por motivos políticos ou culturais. Na prática, a forma de lidar com este problema está na adoção de um regime de equalização fiscal, que, dado o potencial de geração de receitas próprias decorrente da repartição do poder de tributar, busca reduzir as disparidades de capacidade de gasto de cada membro da federação por meio de repasses de recursos federais.

No passado, os fundos de participação buscavam reduzir as diferenças de capacidade de gasto na federação brasileira, mas orientados por uma preocupação redistributiva e não por um objetivo de equalização. Ademais, mudanças posteriores descaracterizaram totalmente esses fundos, tornando-os ainda mais distantes de uma preocupação com o equilíbrio entre recursos e responsabilidades.

Para atender a essa preocupação, qualquer proposta de revisão desses fundos deve ser apreciada à luz da necessidade de que um novo modelo para o federalismo fiscal brasileiro deve contemplar a substituição de transferências compensatórias por um moderno regime de equalização fiscal. Para tanto, é necessário aprofundar o entendimento sobre o funcionamento de regimes de equalização fiscal, analisar alternativas para sua adoção no Brasil e indicar opções para avançar nessa direção.

A questão municipal

Nas principais federações conhecidas, onde existem apenas dois níveis de governo, os regimes de equalização tratam de lidar com os desequilíbrios horizontais entre os estados (províncias) que compõem essas federações. No Brasil, a autonomia municipal aumenta a complexidade das soluções voltadas para a equalização da capacidade de gasto, pois seria necessário lidar simultaneamente com as duas dimensões sob as quais os desequilíbrios horizontais se manifestam — a estadual e a municipal.

O fortalecimento do poder local é um fenômeno que vem ocorrendo em todo o mundo, na sequência do avanço da globalização dos mercados e da ampliação do papel de organismos supranacionais. Não é só a federação brasileira que reconhece o município como ente importante de nosso regime federativo, outras federações importantes, como a Índia e a África do Sul, adotam semelhante procedimento. Assim, apesar das dificuldades decorrentes da posição que os municípios detêm na federação brasileira, há que examinar as alternativas para que os desequilíbrios horizontais entre os municípios, que, obviamente, são muito mais pronunciados do que os relativos aos estados, sejam também atenuados.

Na análise dessa questão, um destaque especial deverá ser dado a problemas específicos de municípios metropolitanos. Também importante é avaliar o grau de fragmentação dos interesses municipais, que decorre dos diferentes fatores que determinam a composição de seus orçamentos e explicam as disparidades existentes, para que as alternativas de solução dos desequilíbrios possam ser apreciadas à luz das chances de sua aprovação.

Eficiência na gestão das políticas sociais e urbanas

Conforme abordado no capítulo 4, a eficiência na gestão dessas políticas implica a revisão do regime de transferências de recursos federais a estados e municípios, de modo a promover a cooperação intergovernamental no financiamento e na gestão e adotar medidas que associem a aplicação dos recursos transferidos a compromissos com os resultados das políticas que são por eles financiadas. Como a associação de recursos a resultados depende dos mecanismos aplicados à repartição das transferências e de meios para promover a cooperação entre os governos envolvidos na prestação dos respectivos serviços, quando o espaço em que os serviços são prestados abrange distintas jurisdições, esses são, portanto, os aspectos que devem merecer uma atenção especial nessa revisão.

Existe a possibilidade de que a cooperação se estabeleça de forma espontânea, mediante convênios entre governos locais para lidar com problemas comuns, em áreas diversas, como o atendimento à saúde, a operação da rede escolar, a gestão de bacias hidrográficas, a coleta e disposição de resíduos sólidos, e a operação de sistemas de transporte. No entanto, a vulnerabilidade a mudanças nas relações políticas que ocorrem a cada ciclo eleitoral constitui um fator que limita substancialmente as possibilidades de êxito dessas iniciativas.

A alternativa à espontaneidade é a adoção de instrumentos que mediante incentivos induzam a cooperação. Esses instrumentos podem estar contemplados em medidas legais, como a recente legislação de consórcios, ou em regras que regulam a repartição das transferências e a concessão de financiamentos por parte de instituições financeiras federais. No âmbito das medidas legais, cabe também examinar a possibilidade de que a regulação de serviços públicos tenha em conta a necessidade de cooperação.

A questão institucional

Uma das principais deficiências da federação brasileira, que a distingue da maioria das federações importantes do planeta, é a ausência de mecanismos, formais ou informais, voltados para a negociação dos conflitos federativos e o encaminhamento de soluções para eles. Não há, como no Canadá, encontros periódicos de primeiros-ministros das províncias e do governo federal, nem uma instituição como o Bundesrat alemão, ou uma "comissão de sábios", como na Índia, para tratar dessa questão. Assim, os conflitos federativos no Brasil desembocam diretamente no Congresso Nacional, onde os debates se arrastam em virtude da ausência de um prévio exame das possibilidades de entendimento, com resultados quase sempre insatisfatórios para todos.

Uma das responsabilidades principais das instituições existentes em outras federações é a de promover os ajustes nas regras que determinam o equilíbrio federativo, tanto na perspectiva vertical quanto na horizontal, tendo em vista as alterações provocadas pelas dinâmicas econômica e social sobre as situações preexistentes. Ajustes periódicos nessas regras contribuem para reduzir tensões e antagonismos e, portanto, para evitar muitos problemas que afetam a capacidade de o Estado desempenhar a contento suas responsabilidades no atendimento das reivindicações de seus cidadãos.

A ausência de instituições dessa natureza contribui para a sustentação da prática adotada no Brasil de inscrever todas as regras na Constituição, o que, contrariamente ao que seria recomendável em um mundo que passa por aceleradas transformações, congela o futuro e contribui para acentuar os desequilíbrios. A análise desse tema é, pois, um componente importante dos estudos que se fazem necessários para o alcance de um duradouro equilíbrio federativo.

• Conclusão •

A complexidade dos problemas envolvidos e a diversidade dos interesses que gravitam em torno de mudanças no sistema tributário fazem com que a insistência em promover mudanças pontuais acabe por inviabilizar a aprovação de uma reforma abrangente, em face da impossibilidade de construir um amplo entendimento em torno de um conjunto de medidas que sejam capazes de equacionar os principais conflitos de interesses.

Com a crença na inviabilidade de uma reforma tributária, que lide não apenas com a modernização dos tributos, mas também com o equilíbrio da federação, vozes dissonantes ganham uma intensidade muito superior ao devido, o que acaba por contribuir para a formação de um clima pouco favorável à aceitação da própria reforma.

Daí deriva a necessidade de explorar as questões abordadas neste livro para reverter essa situação. Sem uma adequada compreensão das implicações da resistência em implementar as mudanças que se fazem necessárias, todos perderão com as limitações que o atual regime tributário impõe ao crescimento da economia e com as barreiras que o antagonismo entre os entes federados impõe à obtenção do apoio político indispensável à aprovação de mudanças que levem à instauração de um novo modelo de federalismo fiscal.

• Referências •

ARAÚJO, Érika. *Os recursos tributários próprios no financiamento dos municípios brasileiros*. 2007. ms.

BARATTO, Gedalva; COSTAMILAN, Paula. Cota-parte dos municípios no ICMS. In: FÓRUM FISCAL DOS ESTADOS BRASILEIROS, Caderno n. 6, Brasília, 2007.

BOADWAY, Robin; SHAH, Anwar (Eds.). *Intergovernmental transfers*: principles and practice. Washington, DC: The World Bank, 2007.

CAMPOLINA, Clélio. Território e nação. In: REZENDE, Fernando; TAFNER, Paulo (Orgs.). *Brasil, o estado de uma nação*. Brasília: Ipea, 2005.

LOTZ, J. Control of local government: the experience of Denmark, Sweden and United Kingdom. In: OWENS, J.; PANELLA, G. (Eds.). *Local government*: an international perspective. Amsterdam: North Holland, 1991.

PRADO, Sérgio. *Equalização e federalismo fiscal*: uma análise comparada. Rio de Janeiro: Fundação Konrad Adenauer, 2006.

_____; QUADROS, Waldemir; CAVALCANTI, Carlos Eduardo. *Partilha de recursos na federação brasileira*. São Paulo: Fundap/Ipea, 2003.

_____; SILVA, Alessandro; FAGUNDES, Fernando; PEREIRA, Rivael. Fundos de participação e sistemas de equalização. In: FÓRUM FISCAL DOS ESTADOS BRASILEIROS, Caderno n. 6, Brasília, 2007.

REZENDE, Fernando. *Transferências e descentralização fiscal*: Brasil, Argentina e Colômbia. Washington, DC: Banco Interamericano de Desenvolvimento, 2007.

_____; ARAÚJO, Érika. *O IVA dual e o setor produtivo*. 2006. ms.

_____; OLIVEIRA, Fabrício; ARAÚJO, Érika. *O dilema fiscal*: remendar ou reformar. Rio de Janeiro: FGV, 2007.

TANZI, V. Globalización y sistemas tributários. In: TANZI, V.; BARREIX, A.; VILLELA, L. (Eds.) *Tributación para la integración del Mercosur*. Washington, DC: Banco Interamericano de Desarrollo, 2005.

VARSANO, Ricardo. Subnational taxation and treatment of interstate trade in Brazil: problems and a proposed solution. In: ABCD-LAC CONFERENCE. *Proceedings*... Valdivia, Chile, 1999.

_____ et al. *Uma análise da carga tributária do Brasil*. Brasília: Ipea, 1998. (Texto para Discussão, n. 583).